나를
지키는
심리학

나를
지키는
심리학

매일 자책하는 당신을 위한 마음 수업

정신과 전문의 조장원 지음

중앙books

하루하루 고군분투하며 일하는 사람들이, 마음의 중심을 잃고 비틀거릴 때마다 꽉 붙잡고 다시 설 수 있게 도와주는 기둥과도 같은 책이다. 저마다 마음의 문제를 가지고 진료실을 찾아온 이들이 자기회복을 통해 자신을 지켜나가는 과정에서, 이를 돕는 저자의 섬세하고 실용적인 조언이 돋보인다. 이 책을 통해 이제 당신도 충분히 힘든 나 자신에게 화살을 돌리는 대신, 잠자코 '나'의 등을 두드려줄 수 있기를 바란다.

- 이시형(정신건강의학과 전문의, 전 강북삼성병원장)

한국의 우울증 환자가 100만 명을 넘어섰다. 그중에서도 직장의 꽃이자 심장인 청·장년층의 증가 폭이 가장 크다. 가장 왕성하게 일할 이들이 왜 이토록 힘들고 지친 걸까? 저자는 진지하게 이 질문을 마주한다. 그와 함께 글 속을 거닐다 보면 마음이 한결 따뜻해진다. 마치 땡볕 아래 얼음물 한 잔 마신 듯 깊은 위로가 느껴지는 책이다.

- 전상원(정신건강의학과 전문의, 강북삼성병원 기업정신건강연구소 부소장)

이 책은 내 감정의 진정한 주인이 됨으로써 나 자신을 어떻게 지켜나가야 하는지 일깨워준다. '나'라는 사람을, 그리고 내가 속한 세상과 주변의 타인을 심리학적으로 바라보는 방법도 알려준다. 오랫동안 곁에서 봐왔던 저자의 실력 있고 따뜻한 모습이 책에 고스란히 담겨 있다. 이 책을 읽는 이들이 자신을 괴롭히는 온갖 외압으로부터 내 삶의 주도권을 찾을 수 있기를 기대한다.

- 정정엽(정신건강의학과 전문의, 〈정신의학신문〉 창간인)

엄마로 또 직장인으로 살다 보니 자연스레 내 마음보다 우선하는 것들이 많아졌다. 그러다 보니 종종 알 수 없는 감정과 이유 모를 두려움에 시달리곤 했다. 몸이 힘드니까 정신도 나약해진 탓이라고만 생각했는데, 이 책을 읽고 나니 나 자신에게 미안해졌다. 중요하지 않은 걸 신경 쓰느라 정작 중요한 내 마음을 챙기지 못하는 분들, 삶의 무게를 줄이고 싶은 분들이 꼭 읽어봤으면 좋겠다.

- 이슬기(KBS 아나운서)

직업상 상사나 회사로부터 부당한 폭언과 갑질에 시달리면서도, 자신의 잘못이라며 자책하는 사람들을 자주 만난다. 이들은 대부분 아직 사회 경험이 부족하니 무조건 견뎌야 한다고, 나약해지지 말고 더 강해져야 한다고 스스로를 채찍질한다. 상처 난 곳에 더 상처를 내는 것이다. 만약 자신도 이런 부류에 속한다면, 이 책을 읽어보길 권한다. 나를 치유하고 앞으로 받을 상처를 예방할 수 있게 도와줄 것이다.

- 이삼라(노무사, 노무법인 온길 대표)

지금은 힘들지만,
이제 달라질 겁니다

"원래 사는 게 다 그런 거야."

"너만 힘든 게 아니야."

나는 힘들어 죽겠는데 주변에서는 힘든 게 당연한 거라고 말한다. 그만 힘들고 싶은 마음에 누군가에게 토로를 하면, 꼭 혼자만 징징대는 사회적 낙오자가 되어버린 것만 같다. 도대체 다른 사람들은 다 잘 견디는데 왜 나만 이토록 힘든 걸까? 정말 내가 의지가 약하고 참을성이 부족해서일까?

그런데 내가 힘들어지는 진짜 이유는, 나 스스로에게 던진 한마디 때문이다.

'나는 왜 이렇게 부족한 걸까?'

많은 사람들이 따뜻한 시선으로 자기 자신을 바라보는 것을 어색해한다. 누군가에게 따뜻한 시선을 받아보지 못하고, 스스로를 따뜻한 시선으로 바라보지 못한 탓이다. 이런 사람들은 스트레스나 갈등, 문제적 상황에 처할 때마다 유독 차갑고 날이 선 시선으로 자신에게 비난의 화살을 쏘아댄다. 그래야만 자신을, 자신이 처한 상황을 객관적으로 보고 있다고 오해하기 때문이다.

문제는 이렇게 시작된 자기비난이 자신을 더더욱 심리적 절벽 끝으로 내몰게 한다는 사실이다. 지금 힘든 이유가 결코 자신에게서 비롯된 것이 아님에도 불구하고, 스스로를 향한 자책과 자기비난은 결국 '이 모든 게 다 내 잘못'이라는 절망의 심연 속으로 뛰어들게 만든다.

나를 지키는 법을 알면
단단해질 수 있다

크던 작던 스트레스나 위기가 찾아오는 순간에는 '나부터 보살피는 현명함'이 필요하다. 원하지 않는 사람들과의 관계, 사회생활에서 일어나는 불편하고 예민한 상황들, 복잡한 감정의 변화로 인해 오는 스트레스, 무엇보다 과도한 자책과 자기비난으로부터 나 자신을 지킬 줄 알아야 한다. 지난 과거를 한번 돌이켜보자. 누군가로부터 비난을 받았을 때, 오히려 남보다 더 가혹하게 나 자신을 질책하지는 않았는지.

나를 지킨다는 것은, 나를 무조건적으로 옹호한다는 의미가 아니다. 내가 한 행동에 대해 비겁하게 변명하는 일도 아니다. 나를 지킨다는 것은 나를, 내 감정을, 내 삶을 제대로 바라볼 줄 알고 이해하는 것이다. 나를 이해하고 품어줄 때, 어떤 상황이 와도 나 자신을 제대로 지키는 법을 스스로 찾아낼 수 있다. 이런 과정이 바탕이 되어야 우리는 비로소 자신을 둘러싼 상황을 객관적으로 바라보게 되고, 다른 사람을 이해하고 받아들이게 되며, 대처할 수 있는 여유가 생긴다.

이 책에는 정신과 전문의인 필자가 그동안 만나온 수많은 상담자들의 사례가 담겨 있다. 과거의 상처에서 벗어나질 못하고 연연해하는 사람들, 일과 업무에 치여 몸도 마음도 지쳐버린 사람들, 바꿀 수 없는 상대 대신 스스로를 바꾸려고 자신에게 부담을 주는 사람들, 원인 모를 스트레스와 불면증에 시달리는 사람들까지 무척이나 다양하다. 저마다 사연은 다르지만, 모두 의미 없는 관계와 상황에 방치되어 내면의 자신이 상처받은 사람들이었다.

회사들이 밀접한 서울 시청역 근처에서 진료하다 보니 직장인 환자 분들을 많이 만났기에, 이 책에 있는 사연 역시 직장인이 주인공인 경우가 대부분이다. 글에 소개된 사례들은 이해를 돕기 위해 가공한 이야기로, 진료실에서 만난 환자분들과의 상담이 많은 도움이 되었다.

사례의 원인을 설명하기 위해 등장하는 이론들은 정신의학 교과서나 여러 전문의가 쓴 책 혹은 논문을 참고해서 얻은 지식임을 밝힌다. 솔루션으로 제공되는 기법들은 정신분석적 치료, 인지행동치료, 변증법적 행동치료, 수용전념치료 등 실제 진료실에서 사용하는 치료기법을 응용하여 독자 여러분이 직접 실천할 수 있는 것들로 구성했으며, 이는 필자가 진료실에서 만난 환자 분들에게도 자주 사용하는 기법들이다.

물론 이 책에 나오는 심리학 기법과 솔루션들이 독자 여러분 각자의 마음과 삶, 직장에서 일어나는 모든 일을 해결주지는 못할 것이다. 그러나 부당한 외압과 열등감, 콤플렉스, 낮은 자존감에 허덕이며 살아가다 보니 우울하고 예민해져가는 '나'를 채찍질하는 대신, 따뜻하게 보듬어주고 안아주는 시간이 되어줄 것이라는 사실만큼은 분명 확신한다.

**매일 조금씩 실천하는
'나를 지키는 연습'**

더불어 이 책은 '앞으로 바뀌고 싶은' 사람들을 위한 책이다. 나보다 타인을 위했던, 현재보다 미래를 중요시했던, 감정보다 이성에 집중했던 나 자신을 변하게 하기 위한 책이다.

예전과 달라진다는 것은 결코 쉽지 않다. 처음 운전을 배

웠을 때를 떠올려보자. 브레이크 페달이 오른쪽인지 왼쪽인지, 사이드미러나 룸미러는 언제 봐야 하는지, 방향지시등은 언제 켜야 하는지 일일이 다 집중해서 해야 하지만, 조금씩 노력하면 어느 순간 자연스럽고 편안하게 운전하는 내 모습을 발견하게 된다.

이처럼 처음에는 내 감정이 어떤지, 내 생각이 어떤지 의도적으로 바라봐야 하지만, 어느 순간 자연스레 변해 있는 내 모습을 확인할 수 있다.

프로이트는 '훈습Working Through'이라는 개념으로 사람의 마음이 변해가는 과정을 이야기했다. '이런다고 내가 변하겠어?', '꼭 바뀌어야 하는 걸까?' 하는 생각이 반복되는 과정 가운데, 한순간에 변하지 않는 내 모습을 보면 우리는 저항 Resistance을 마주하게 된다. 그럴 때마다 바뀌지 않은 내 모습에 아쉬워하기보다는 그동안 변한 내 모습에 기뻐하는 시간이 필요하다.

이 책을 읽는다는 게 그 많은 훈습 과정 중 하나일 수 있다. 이 책에 있는 내용이 이미 알고 있는 내용일 수 있고, 이미 실천하고 있는 내용일 수 있다.

변화가 미진해도, 심지어 변하지 않아도 괜찮다. 나 자신을 위해 무언가 했다는 것이 중요하다. 그것만으로도 충분히 값진 시간을 보내게 된 것이니 말이다. 지금 나를 위해 보내

나를 지키는 심리학

는 시간이 쌓이고 쌓여, 결국 나를 위한 삶을 사는 게 습관처럼 자연스럽게 변할 것이다.

　마지막으로 이 책을 통해 독자 여러분이 매일 조금씩, 그 전날보다 자신을 더 아끼고 사랑하기를 바라며 글을 마친다.

2021년 초여름의 문턱에서
조장원

차례

Part 1 ── 일에 치여 힘겨운 일상으로부터 나를 지키는 연습

못난 게 아니라
마음이 힘든 겁니다

Part 2 ── 버거운 관계로부터 나를 지키는 연습

상처받은 건
그가 아니라 '나'입니다

나부터 잘 알아야
일도 더 잘됩니다

그럼에도
내 마음이 가장 소중합니다

Part 1

일에 치여 힘겨운 일상으로부터 나를 지키는 연습

못난 게 아니라
마음이 힘든 겁니다

나
를

지
키
는

심
리
학

한없이 우울한 나, 회사를 계속 다녀도 될까요?

부정적·비관적 자기인식

　'아무리 생각해도 이 일은 나와 맞지 않는 것 같아.'

　곽 팀장은 요즘 고민이 많다. 회사 일에 통 의욕이 생기지 않아서다. 작년에 팀장으로 승진하면서 맡게 된 새로운 부서 일이 여간해서 손에 잡히지 않는다. 예전에는 일이 좋아 시간 가는 줄 모른 채 매달린 적도 있었고, 성취감도 많이 맛봤으며, 팀원들과 격의 없이 의기투합하며 지내기도 했는데, 지금 부서에서는 그런 걸 전혀 느낄 수 없다. 습관적으로 출근하고 정해진 대로 일하다가 시간이 되면 퇴근하기 바쁘다. 팀장으로서 팀원들을 잘 챙겨야 하지만, 내 코가 석 자다 보니 다른 사람에게 관심을 둘 여유가 없다. 점점 의기소침해지는 자기 자신이 안타깝기만 하다.

이전 부서는 홍보 관련 업무를 진행하는 부서였고, 현재 부서는 블루오션을 개척해서 영업망을 구축하는 업무를 추진하는 부서다. 번뜩이는 창의력이 강조되었던 지난 부서와 달리 지금은 구체적인 실적과 성과가 강조되는 부서라 스트레스가 이만저만이 아니다. 아무리 의도가 좋고 과정이 알차게 진행되었어도 결과가 신통치 않으면 좋은 평가를 받을 수 없다. 수치에 약한 곽 팀장으로서는 회사에서 기대하는 목표를 달성하지 못할 때가 많아 출근만 하면 가시방석에 앉아 있는 것 같다. 그렇다고 팀원들에게 스트레스를 전가하거나 성과를 더 올리라고 닦달하기도 탐탁지 않다.

곽 팀장은 아무래도 자신이 너무 내성적인 게 문제라고 생각했다. 영업을 잘하려면 좀 저돌적이고 적극적인 성격이어야 하는데, 본인은 워낙 차분하고 신중한 편이라 잘할 수가 없다고 판단한 것이다. 다른 영업 팀장들은 나름의 비법을 가지고 좋은 결과를 만들어 가는 것 같다. 곽 팀장 부서의 팀원 중에도 영업이 체질인 것처럼 두각을 나타내는 직원이 있다. 회의를 진행하다 보면 그 사람이 팀장 같고 자기는 그 밑에서 일하는 팀원 같다는 생각이 들기도 한다. 그때마다 자신이 한심하고 바보 같아 괴롭다. 팀원들이 팀장인 자신을 어떻게 바라보고 평가하는지도 두렵다.

나를 지키는 심리학

이런 생각으로 회사에 다니다 보니 불편한 것만 눈에 띈다. 직원을 실적 올리는 기계처럼 취급하는 것도 마음에 들지 않았고, 제대로 지원도 해주지 않으면서 최상의 결과만 기대하는 게 문제라는 생각이 들었으며, 상사의 부당한 지시와 압박에 이렇다 할 변명조차 하지 않는 직원들도 보기가 싫었다. 좀 더 근본적인 문제는 이런 상황이 나아질 것 같지 않다는 것이다. 갈수록 더 나빠질 것 같은 예감이다. 자신의 앞날을 떠올리면 답답하고 짜증만 난다. 한편으로는 불안하고 한편으로는 우울한 감정이 수시로 교차한다. 휴게실에서 커피 한 잔 마실 때면 늘 이런 생각이 든다.

'언제까지 이렇게 다녀야 하지? 아, 차라리 그냥 회사를 그만둘까?'

회사 우울증에 걸린
사람들의 공통점

곽 팀장처럼 우울증이 있는 사람에게는 자기 자신, 자신의 세계(주로 주변 인물들), 미래 이 세 가지 인지 요소Cognitive Triad에 대해 부정적이고 비관적으로 인식하는 경향이 나타난다.

첫째, 자신Self에 대해 부정적으로 생각하기 때문에 자기를 항상 부족한 사람으로 바라보고, 자신의 결점을 계속해서 확인하며, 끊임없이 자기 자신을 비난한다. 본인이 원하지 않는 상황이 발생함에 따라 분노가 생겨났을 경우, 그 원인을 자신에게 돌린다. 자신을 탓하며 미워하게 된다.

둘째, 세계World를 부정적으로 받아들이기 때문에 자신의 주변이 자신을 괴롭히는 공간으로 인식된다. 주변 사람들도 자신을 위한 사람들이 아닌 것 같다고 느낀다. 점점 사람들과 관계를 맺는 게 꺼려진다. 회사나 가족에 대한 인식도 부정적으로 변해 버려 어디에도 속하고 싶지 않아 한다.

셋째, 미래Future를 비관적으로 바라보는 까닭에 지금 자신이 당하고 있는 고통과 시련이 미래에도 사라지지 않고 계속될 것만 같다고 여긴다. 오히려 더 심해질지도 몰라 불안해하기까지 한다. 앞으로 벌어질 일의 결과는 보지 않아도 뻔하다. 극단적인 결과만 바라보기에 아무런 기대도 흥미도 잃게 된다.

이와 같은 이유로 인해 우울증 환자들에게는 중요한 결정을 뒤로 미루라고 조언한다. 자신과 세계와 미래에 관해 부정적이고 비관적으로만 생각하는 사람이 좋은 방향으로 올바른 결정을 내리리라고 기대할 수 없기 때문이다.

새로운 부서 일에 적응하지 못해 퇴사를 고민하는 곽 팀장 역시 회사를 그만둔다든지 하는 중차대한 결정을 조급히 내려서는 안 된다. 증상의 정도와 상황에 따라 다를 수는 있지만, 보통 우울증에 시달리는 사람의 경우, 성급하게 잘못된 결정을 하는 사례가 많다. 이런 섣부른 결정을 내림으로써 도리어 우울감이 악화하거나 재발할 수도 있다.

일단 중요한 결정을 뒤로 미룬 후 나를 지지해주는 사람들과 자신이 처한 상황을 공유하고 상의하는 게 좋다. 우울할 때는 자신을 믿고 응원해주는 지지체계Supportive System가 중요하다. 지지체계란 개인의 정서나 심리 등에 긍정적인 영향을 미치면서 부정적인 요소들을 감소시키는 역할을 하는 주변의 체계를 말한다. 마음을 털어놓을 수 있는 가족, 친구, 동료, 이웃 등이다. 우울증에 빠지면 남들을 믿지 못해 혼자서 해결하려는 경우가 많은데, 이는 되도록 삼가야 한다.

간혹 힘든 상황에서 빨리 빠져나와야 할 때도 있다. 우울 증상이 아주 심한 경우다. 물에 빠져서 허우적대는 사람에게 빨리 수영해서 나오라고, 할 수 있는 헤엄을 총동원해 어서 빠져나오라고 아무리 소리쳐 봐야 헛일이다. 물에 빠져 죽을 지도 모른다는 공포감에 휩싸여 제대로 몸을 가누지 못하는 사람에게 이성적이고 합리적인 대책을 기대하거나 주문하는 건 쓸모없는 일이다. 일단 물에서 건져내야 한다. 구명 튜브를 던져주든지, 구조 전문가가 투입되든지 해서 외부의 힘으로 살려내야 한다. 물에 빠진 사람 혼자 힘으로는 도저히 물속에서 빠져나올 수가 없다.

퇴사를 결정하기 전에
고려하면 좋을 것들

불안감과 우울증으로 회사 생활이 곤란하고, 점점 좋지 않은 생각에 사로잡히며, 퇴사를 고려할 정도가 되었다면, 일단 가까운 정신건강의학과를 찾아 전문의에게 상담 치료를 받아보는 게 좋다. 가볍게 생각하면 곤란하다. 부정적이고 비관적인 생각에 사로잡혀 있기에 스스로 해결하기도 어렵다.

약물을 복용하면서 증상이 호전되면 같은 상황이더라도 다르게 받아들여질 수가 있다. 병가를 내서 일정 기간 쉬면서 심신의 안정을 취하는 것도 도움이 될 수 있다. 회사에 자신의 상태를 알릴 수 있는 상황이라면 그렇게 하는 것도 괜찮은 방법이다. 회사에서 불안감과 우울증을 덜 느낄 수 있는 다른 부서로 근무지를 이동시켜줌으로써 다시 좋아지는 경우도 종종 보게 된다.

'까짓것 그만두면 되는데, 왜 그만두지 못하면서 이렇게 힘들어하는 거지?'

회사를 그만두는 건 회사가 주는 스트레스에서 벗어날 수 있는 가장 강력한 방법이긴 하지만, 그만큼 선택하기 쉽지 않은 방법이다. 그만두는 것 말고는 다른 방법이 없다고 생각한다면 지금 상황에서 벗어나기 위해 더 많은 시간과 노력이 필요할 수밖에 없다.

물론 그만두는 것 또한 내가 선택할 수 있는 해결 방법 가운데 하나다. 가장 행동하기 어려운 옵션을 주고 행동하지 못하는 자신을 비난하기보다는, '다른 방법들을 시도해보고 안 되면 그만두는 방법도 있다'라고 생각하는 자세가 필요하다.

내가 할 수 있는 건
아무것도 없어 보여요

학습된 무기력

"문제는 무기력인 것 같아요. 매사 의욕이 없고 기운이 나질 않아요."

상담 치료를 받으러 온 일명 무기력 씨의 토로다. 그는 한창 혈기 왕성할 2년 차 직장인이다. 그가 다니는 회사는 대학생 때부터 입사를 꿈꾸던 곳이다. 그는 누구보다 열정적으로 일에 몰두했고, 그런 아들을 바라보며 부모님은 틈만 나면 아들 자랑을 늘어놓을 정도다.

그는 자신감이 넘쳤고 일 욕심도 많았다. 직장 생활의 미래는 푸른 희망으로 가득했다.

"무슨 일이든 맡겨만 주십시오. 어떤 것이든 잘 해낼 수 있

나를 지키는 심리학

습니다."

상사들은 그를 믿음직스러운 후배로 여기며 인정해주었다.

그러다가 1년 뒤 부서를 옮기게 되었다. 고객들의 민원을 담당하는 부서였다. 전에 하던 업무와 달리 자신의 능력으로 해결할 수 없는 일들이 많았다. 고객의 딱한 사정을 해결해주고 싶었으나 방법이 없을 때도 있었다. 정이 많은 그는 고객의 요구를 외면하기 어려웠다.

"이 고객의 사정이 몹시 안타까운데, 회사에서 도움을 좀 주면 안 되겠습니까?"

"이봐, 자네 너무 감정 이입하는 거 아냐? 그건 프로답지 못한 자세야."

상사들은 뭐든 고객 편에서 문제를 해결하려 드는 그의 태도를 못마땅하게 생각했다.

이런 일이 반복되자 무기력 씨에게 변화가 나타났다. 입사 초기의 늠름하고 자신만만하던 모습은 간데없고, 소극적인 자세로 상사들 눈치나 살피는 의기소침한 사람이 된 것이다.

'여기서는 내가 할 수 있는 게 아무것도 없어…….'

어느 순간부터는 자신에게 뭔가를 요구하는 고객들이 미워지기 시작했다. 전화벨이 울릴 때마다 가슴이 답답하고 전화 받는 것조차 짜증스러워졌다.

부서를 옮겨 볼까 생각도 했지만, 다른 데로 가더라도 예전처럼 의욕적으로 일하기는 어려울 거라는 염려가 엄습했다. 맡은 일을 잘 해낼 자신도 없었다. 결국은 이마저도 스스로 포기하고 말았다. 출근하는 게 점점 힘겨워졌다. 무기력이 일상이 되었다. 친구들 만나기도 귀찮고, 멀리 계신 부모님을 뵈러 가는 것도 귀찮고, 삼시 세끼 밥 먹는 일도 귀찮았다.

학습된 무기력이 아닌지
항상 의심해야 하는 이유

항우울제 효과를 확인하기 위한 실험 중에 '포솔트 강제 수영 실험Porsolt Forced Swim Test'이 있다. 물을 채운 수조 안에 실험용 쥐 한 마리를 넣고 관찰하는 실험이다. 쥐는 수조에서 빠져나오기 위해 안간힘을 쓰며 헤엄을 친다. 그렇게 수없이 시도해도 도저히 수조 밖으로 탈출할 가능성이 없다는 걸 알게 된 쥐는 결국 헤엄을 포기한다. 무기력감이 학습돼 우울증에 빠진 것이다. 그런 쥐에게 항우울제를 투여하면 또다시 의욕이 되살아나 열심히 헤엄을 친다.

이 실험으로 알 수 있는 건 '학습된 무기력Learned Helplessness'이 우울증을 유발한다는 것이다. 여러 차례 무기력을 학습하면 아무것도 할 수 없다고 생각해 우울증에 빠진다.

서커스 공연 중에 거의 빠지지 않고 등장하는 게 코끼리가 나와서 펼치는 공연이다. 커다란 코끼리가 공연 중에 조련사의 지시를 따르지 않고 난동을 부리거나 공연장을 벗어난다면 큰 사고가 일어날 것이다. 그런데 엄청난 덩치의 성년 코끼리는 신기할 정도로 작은 말뚝에 매인 줄 밖을 벗어나지 않는다. 어렸을 때부터 말뚝에 줄을 매달아 묶어 놓고 절대로 그걸 벗어날 수 없도록 훈련한 결과다. 어른이 되어 얼마든지 힘으로 말뚝을 뽑아버릴 수 있게 되었음에도 코끼리는 학습된 무기력 때문에 감히 그럴 시도조차 하지 않고 조련사에 순종하는 것이다.

이게 바로 학습된 무기력이다. 금연이나 금주를 몇 번 시도하다가 여러 가지 이유로 실패한 사람의 경우, 또 한 번 도전하려 하기보다는 자기는 아무리 해도 도저히 안 된다면서 지레 포기하는 사람이 있다. 학습된 무기력이 모든 의욕과 의지를 꺾어 놓은 것이다.

학습된 무기력이 우울증으로까지 이어지면 한 분야에 대해서만 무력감을 느끼는 게 아니라 삶의 모든 영역에 있어 무력감을 느끼게 된다. 지금은 물론 앞으로도 자신이 할 수 있는 게 아무것도 없다고 생각하므로 일상생활을 정상적으로 유지해 나가기가 어려워진다.

학습된 무기력을 처음 발견한 사람은 긍정심리학을 창시한 미국 심리학자 마틴 셀리그먼이다. 그는 무기력이 학습되는 것처럼 긍정 역시 학습될 수 있다고 말한다. 비관적인 생각과 무기력을 긍정적인 생각과 낙관적 태도로 변화시킴으로써 우울증을 치료하는 것이다.

학습된 무기력으로 찾아온
우울증을 해소하는 법

맨 먼저 자신이 성취감을 느낄 수 있는 것들을 자유롭게 나열한다. 하기 쉬운 것부터 순서대로 정리하는 게 좋다. 예를 들면 산책하기, 청소하기, 요리하기, 장보기, 책 읽기, 음악 듣기 같은 것들이다.

그런 다음 하나씩 실천에 옮긴다. 학습된 무기력을 오랜 기간 경험했다면 전에는 쉽게 생각했던 일조차 버거울 수 있으므로 최대한 단순한 것부터 실행해야 한다.

학습된 무기력에 빠져 있다면 예전 같은 내 능력을 기대하기 어렵다. 예전의 나를 기대하고 계획을 세웠다가 중간에 포기하게 된다면 이 또한 실패를 학습하는 게 되고, '내가 지금 이 정도도 하지 못하네?'라는 생각이 들면서 무기력감이 더 강해질 수 있다.

평소 1시간가량 운동을 했다면 무기력감에 빠져 있을 때는 10분 정도만 해보고, 다음 주에는 20분씩 해보고, 30분, 40분으로 점차 늘려가는 게 필요하다. 대부분의 사람들이 처음부터 강한 성취감을 느끼고자 계획을 과도하게 세우기 쉬운데, 강한 성취감을 느끼는 것보다는 실패감을 느끼지 않는 게 더 중요하다.

성취에 따른 보상도 필요하다. 한 가지씩 계획한 대로 성취했을 때 평소 갖고 싶었던 걸 산다거나 가볍게 치킨에 맥주 한 잔을 한다거나 하는 식으로 자신에게 상을 주는 것이다. 이러한 보상이 중간에 멈추지 않고 유지할 수 있도록 도움을 준다.

조심해야 할 점은 학습된 무기력으로 우울증이 찾아왔을 경우, 성급한 결정을 내리면 안 된다는 것이다. 대부분 사람 마음이 비슷해서 자꾸 조급해지는 까닭에 최후의 수단을 쓰고 싶어 한다. 앞서도 말했듯 회사에 사표를 낸다거나 이직을 한다거나 하는 행위다. 이런 행동은 자신의 미래를 위해 적극적으로 뭔가를 선택하는 게 아니라 단지 현 상황을 빨리 벗어나기 위한 도피적 행동일 수 있어 문제 해결은 물론 치료에도 도움이 되지 않는다.

물론 여러 시도를 해본 후에 정 안 되면 이러한 방법을 선택할 수 있다. 적어도 무기력감으로 일을 그만두기 전에 정신건강의학과에 한 번쯤 방문해보기를 권한다. 위의 포솔트 강제 수영 실험에서처럼 항우울제를 복용하는 것이 많은 도움이 될 수 있다.

물에 빠진 쥐를 수조에서 꺼내주듯 가능하다면 잠시 일을 쉬는 것도 좋은 방법이 될 수 있다. 휴가를 내는 것이다. 잠깐 휴가를 가기로 마음먹고 실행에 옮기는 것만으로 무기력에서 벗어날 수 있다. 미래의 상황과 환경을 내 결정과 의지로 바꿨기 때문이다. 자신을 위해 구체적으로 행동을 개시하는 게 바로 치료의 시작이다. 이렇게 자꾸 긍정을 학습하다 보면 어느새 행복이 내 곁에 성큼 다가와 있을 것이다.

지금 열심히 일하지 않으면 안 될 것 같아요

미래에 집착하는 사람들

박미래 씨는 가족에게 자랑거리이자 친구들에게는 부러움의 대상이다. 명문대를 졸업하고 대기업에 취직한 것만 해도 대단한데, 최근에 최연소 임원이라는 타이틀까지 달았기 때문이다.

오늘이 있기까지 그녀는 많은 것을 포기해야만 했다. 중학교 때는 수업이 끝난 후 친구들끼리 분식집을 갈 때도 혼자 빠져서 중간고사를 준비했고, 고등학교 때는 몇몇 친구들이 돈을 모아 콘서트를 보러 갈 때도 공부에 방해될까 봐 몸이 아프다며 집에 와서 부족한 공부를 보충했다. 대학생 때는 취업에 도움이 되지 않을 게 뻔해 좋다고 쫓아다니는 선배를 차

갑게 대했고, 취업에 성공한 후에는 연애나 결혼은 사치라는 생각에 거의 매일같이 야근과 특근을 도맡아 했다. 지금껏 해외여행 한 번 가지 않았고, 모처럼 하루 휴가를 내는데도 마음이 항상 불편했다. 이런 노력 덕분에 회사 역사에 길이 남을 최연소 임원이라는 타이틀을 달게 되었는데, 이상하게도 그때부터 그녀는 생전 느껴본 적 없는 허무함을 느끼기 시작했다.

'내가 지금까지 뭘 바라고, 뭘 위해서 살아온 거지?'

끊임없이 스스로를 채찍질하는 사람들

과거에 얽매여 사는 사람이 있다. 예전에 받았던 상처나 트라우마에서 벗어나지 못해 고통받는 사람이다. 그들에게는 과거란 지나간 시간일 뿐 중요한 것은 지금 주어진 시간, 즉 현재라는 사실을 일깨워주는 게 필요하다.

이와 반대로 미래만을 위해 살아가는 사람도 있다. 집안이나 학벌이나 경제력 등 모든 면에서 남부러울 게 없는 사람이 상담을 위해 정신과를 찾는 경우가 있다. 학생회장을 지냈고, 외국 유학을 다녀왔으며, 최고의 직장에서 승진을 거듭하는 등 겉으로 보기에는 전혀 부족한 게 없는 사람이다.

그런데 이들은 행복하지 않다. 예전처럼 에너지가 충만하

　　　　　　　　　　　　나를 지키는 심리학

지 않고 매사 지치기만 할 뿐이다. 이들의 공통점은 삶의 모든 초점이 너무 미래에만 맞춰져 있다는 것이다. 더 나은 미래를 위해 지금의 편안함은 사치라고 여긴다. 현재의 고단함을 참고 견뎌야만 장밋빛 미래를 보장받을 수 있다고 믿는다.

이들에게는 공통적인 주문 같은 게 있다.

"다 이렇게 힘들어. 너만 힘든 게 아니야."

"No Pain, No Gain(고통 없이는 얻는 것도 없지)!"

"미래를 위해서는 지금 네가 참아야 해. 너에게는 가족이 있잖아."

이런 주문을 외면서 끝없이 스스로 채찍질하는 것이다.

자신의 행복을 위해 뭔가를 하려고 할 때마다 이 같은 주문이 떠올라 거침없이 억누른다. 모처럼 유쾌한 시간을 보내거나 온전한 휴식을 취하려 하면, 나태해지면 안 된다는 생각이 들면서 자신을 다그친다.

심지어는 회사에서 일주일 동안 휴가를 쓰라고 했는데도 일주일이나 회사에 가지 않으면 열심히 살지 않는 것 같고, 태만해지는 것 같아 몇 번에 걸쳐 휴가를 나눠서 간다. 설령 휴가를 내더라도 오로지 자신만을 위한 시간을 갖거나 쉼을 누리는 게 아니라 다음 시즌을 위해 관련 업무를 처리하면서 보낸다. 퇴근 이후에도 가족과 함께 시간을 보내기보다 학원에 다니거나 자신을 더 계발하기 위해 애를 쓴다.

이런 사람의 5년 전 모습은 어땠을까? 5년 후를 위해 구체적인 목표를 세우고 한 치의 오차도 없이 쉬지 않고 달려왔다. 그의 모든 일상은 5년 후에 달성하게 될 행복에 맞춰져 있었다.

그러나 5년이 지난 지금 계획한 목표를 다 이루었는데도 그는 행복하지 않다. 그의 행복 시계는 여전히 다가올 5년 후에 맞춰져 있기 때문이다.

이런 사람의 5년 후 모습은 어떨까? 5년 동안 한 방향만 바라보고 줄달음질함으로써 남들이 부러워할 만큼 충분히 목표를 달성했지만, 그는 전처럼 행복하지 않을 것이다. 그에게는 현재의 행복보다 미래의 행복이 더 중요하고 시종일관 그것만 보이는 까닭이다.

이들에게는 행복을 누릴 현재가 없다. 끝없이 미래가 기다리고 있을 뿐이다. '지금 그리고 여기Here and Now'에 사는 게 아니라 미래의 '거기There and Future'에 살고 있는 것이다.

그렇지만 이들은 다른 사람에게 고충을 솔직하게 털어놓을 수가 없다.

"야, 네가 뭐가 아쉽고 부족한 게 있다고 그런 고민을 하냐?"

이런 대답을 들을 게 뻔해서다. 가족에게도 쉽사리 속내를 드러내지 못한다. 한 번도 힘들다 내색하며 살아보지 못했으니 익숙하지 않은 것이다.

'나부터 살겠다'는
마음가짐이 중요하다

이런 사람들에게 현재의 행복을 맛보게 해주려면 어떻게 해야 할까?

첫 번째로 자신을 사로잡고 있는 주문을 찾아내도록 한다. 나를 망치는 주문이다. 그 주문을 찾아서 객관적 입장에서 바라보게 하는 것이다. 이런 주문을 외면서 자신을 쉬지 않고 몰아세우고 있는 사람을 만날 때마다 나는 내 배우자나 자녀나 부모님이라면 당신은 어떤 조언을 해줄 수 있느냐고 묻는다. 이런 사람일수록 자신에게는 모질지만 다른 사람에게는 관대한 법이다. 대개는 안쓰러워하면서 따뜻하고 정감 어린 위로의 말을 건넨다. 관점을 바꾸니 자신의 모습이 객관적으로 보이고, 얼마나 힘겨운 상황이었는지를 알 수 있게 된 것이다. 그러면 나는 그에게 이렇게 조언한다.

"바로 그 같은 위로의 말을 자신에게 들려주십시오."

두 번째로 자신의 행복을 위해 구체적 행동을 하게 한다. 현재의 행복을 위한 행동이 필요하다. 학원에 등록한다거나 자격증 시험을 준비한다거나 그런 미래 지향적인, 흔히 이야기하는 생산적이고 뭔가 남기기 위한 행동이 아닌, '지금 그리고 여기'에서 행복한 감정을 느낄 수 있는 행동을 하는 것이다.

자신에게 선물을 건네는 게 대표적인 방법이다. 처음에는 자기한테 선물한다는 것이 익숙하지 않아 선물을 고르기가 쉽지 않다. 이럴 때는 내가 타인에게 선물을 할 때 어떤 고민을 하는지 떠올려보는 게 도움이 된다. '이 사람은 어떤 선물을 받으면 좋아할까?', '이 사람이 어떤 선물을 받아야 행복할까?' 이런 식으로 내가 어떤 선물을 받아야 좋을지 고민해보고, 스스로에게 선물을 주는 것이다.

자기만을 위해 돈을 써 보는 것도 좋다. 아직 습관이 되지 않아 학원에 등록하거나 자격증 시험을 준비하는 사람도 있다. 그렇더라도 계속해서 자신의 즐거움과 편리함을 위해 뭔가를 사보도록 권한다. 평소 같으면 이런 걸 뭐하러 사나 했던 물건도 오직 자기만을 위해 샀다고 생각하면 남다른 애착을 갖게 된다. 그러다 보면 차츰 '이런 것이 행복이구나' 하고 느끼기에 이른다. 그러면서 조금씩 자신에 대한 주문이 바뀐다.

"나부터 살자."

박미래 이사는 치료를 이어가던 중 휴가를 내고 회사 문을 나섰다. 그때 그녀는 문득 이것이 처음으로 자기만을 생각한 행동이라는 깨달았다고 한다. 사실 그녀는 지금이 행복하지 않다고 느낀 순간부터 현재의 나를 위한 변화를 시작할 수 있었다. 이런 변화 덕분에 병원에도 가고, 휴가도 낼 수 있었던 것이다.

결국 '지금 그리고 여기'서 살기 위해서는 내가 느끼는 감정에 집중해야 한다. 그러다 보면 지금의 감정이 여기 있는 나를 위해 살도록 이끌어줄 것이다.

인사철만 되면 불안하고 초조해서 잠을 못 자요

적응장애

"노이동 씨, 보고서에 게재된 소비 성향 분석이 좀 이상해요. 수정하는 게 좋겠어요."

"아…… 잘못된 부분이 있나요? 죄송합니다. 다시 작성하겠습니다."

직속 상사인 과장에게 불려가 면박을 당한 뒤 퇴짜 맞은 보고서를 받아들고 제자리로 돌아온 노이동 씨는 한숨이 절로 나왔다. 보고서에는 과장이 빨간 펜으로 수정 지시한 내용이 가득했다.

'요즘 내가 왜 이러는 거지?'

엊그제도 선임 대리로부터 정신을 어디에다 두고 일하는

나를 지키는 심리학

거냐고 야단을 맞았는데, 오늘 또 과장에게서 지적을 받았으니 난감하기 이를 데 없었다. 옆자리에 있는 후배가 힐끗힐끗 노이동 씨를 쳐다봤다. 그런 눈길도 부담스러웠다. 금년에 입사한 후배를 잘 가르쳐야 하지만, 요즘 같아서는 오히려 자기가 후배에게 배워야 할 것만 같다. 점점 더 위축돼 가는 자신의 모습이 안쓰럽다.

지난해 12월 정기 인사이동 때 노이동 씨는 그동안 일했던 부서를 떠나 다른 부서로 배치되었다. 익숙했던 업무에서 손을 떼고 전혀 해보지 않은 업무를 시작하게 된 것이다. 상사나 동료들도 전부 바뀌어 서먹서먹한 데다 일까지 손에 익지 않으니 불안하기도 하고 초조한 마음이 들었다.

하지만 그는 이를 극복하고 새 부서에 잘 적응할 자신이 있었다. 입사 이후 두 번의 인사 평가에서 매번 최상위 등급인 S등급을 받았던 터라 회사에서도 그에게 많은 기대를 하고 있었다. 직장에서 인정받고 승진하려면 여러 부서 업무를 두루 익히고 적응해야 한다는 것은 상식이었다.

'그래, 새로 시작하는 거야. 어디에 가든지, 무슨 일을 하든지 나는 다 잘할 수 있어!'

그러나 현실은 녹록하지 않았다. 막상 새로운 업무를 하려고 보니 너무 낯설었고 자신의 성향과도 잘 맞지 않았다. 잘하려는 욕심이 지나치다 보니 안 해도 될 실수까지 하게 되었다. 새로운 업무에 대한 설렘과 기대는 익숙하지 않은 업무에 대한 두려움과 거부감으로 바뀌었다. 직전 부서에서 에이스로 손꼽히던 자신이 졸지에 부서의 천덕꾸러기로 전락했다는 사실이 속상했다.

'내가 이 부서를 망치고 있는 건 아닐까? 나만 없으면 우리 부서는 최고의 부서일 텐데……'

'상사들 눈치 보는 것도 하루 이틀이고, 후배들 보기도 창피한데…… 회사를 그만둬야 하나?'

고민의 나날이 길어지면서 노이동 씨는 매일 아침 출근길이 마치 고행길처럼 버거워졌다.

연말만 되면 불안해서
잠을 이루지 못하는 사람들

연말이 되면 많은 기업에서 인사이동이 이루어진다. 한 해의 실적과 공과를 평가해 포상하기도 하고, 승진이나 부서 이동 등 크고 작은 인사 개편이 단행된다. 상을 받고 승진하는 사람들은 영광의 계절이 되겠지만, 그렇지 못한 사람들에게는 좌절의 계절이 될 수밖에 없다. 직장인에게 승진과 포상은 자존감의 또 다른 이름이다. 이렇다 보니 연말만 되면 스트레스가 쌓인다. 직장인들이 인사이동으로 인한 각종 스트레스 때문에 정신건강의학과 전문의를 찾아 진료하는 과정에서 적응장애 진단을 받는 비율이 여느 때보다 크게 상승하는 시기도 바로 이즈음이다.

적응장애Adjustment Disorder란 어떤 스트레스나 충격적인 요인이 발생하고 나서 3개월 이내에 우울, 불안, 불면 등의 증상이 나타나는 것을 말한다. 학생의 경우 새 학년을 시작하면서 혹은 학업 때문에 스트레스를 받으면서 적응장애가 나타나기도 하고, 직장인의 경우 새로운 회사에 취직하거나 부서 이동을 한 다음 또는 은퇴 이후에도 많이 경험한다.

정신건강의학과 외래 환자의 20퍼센트가량이 적응장애라는 연구 결과가 있을 정도로 우리 주변에서 흔하게 볼 수 있는 질환이다. 만성적인 경과를 밟는 경우는 17퍼센트 이내로, 스트레스가 지속되지 않는다면 6개월 이내에 대부분 호전되는 것으로 알려져 있다. 교과서적으로 단기간 동안의 정신치료나 인지치료가 주로 추천되고, 약물은 도움이 필요한 경우에만 처방되는 예후가 비교적 좋은 정신질환 중 하나다.

적응장애로 내원하는 분들은 마치 물에 빠진 사람과 비슷하다. 바다에서 수영을 즐기던 중 갑자기 파도가 일어 물을 마시게 되면 놀라서 수영하는 방법을 잊어버리고 허우적거리는 경우가 있다. 별것 아닌데도 당황해서 그런 것이다. 이처럼 적응장애 환자들은 지금 겪고 있는 스트레스나 충격을 충분히 이겨낼 힘과 강점이 있는데도 불구하고, 너무 놀라고 당황하는 바람에 이 상황을 내가 바꾸지 못할 거라고 생각하는 것이다. 헤어날 방법이 없다고 비관적으로 받아들인다. 그러다 보니 자연스러운 해결 방법을 찾기보다는 항상 극단적인 방향이나 결과만을 예측한다.

'내가 평생 이렇게 힘든 곳에서 시달리며 일해야 하나?'

'아무리 생각해도 길이 없어. 그만두는 방법밖에 없는 거야.'

이런 식으로 생각을 몰아간다. 막상 과거를 떠올리면 지금처럼 힘든 적이 없었던 것도 아닌데, 지금은 그때와 다르고 내 상태도 그때와는 다른 것 같아 이겨낼 수 없다고만 생각하는 것이다.

적응장애에서 벗어나는
유용한 방법

적응장애에서 벗어날 수 있는 방법은 무엇일까?

우선 필요한 건 지금 힘들어하는 나 자신을 이해해주는 것이다. 노이동 씨처럼 다른 부서로 옮겨간 경우, 낯선 환경과 업무 때문에 적응이 어려운 것은 너무나도 당연하다. 심지어 일주일 정도 휴가를 다녀온 뒤 회사에 출근하면 생소한 곳에와 있는 느낌이 들어 일이 손에 잡히지 않고, 예전같이 일하기 어려운 어색한 감정을 갖게 되기도 한다. 매번 하는 일인데도 깜빡하거나, 집중이 되지 않아 졸음이 찾아온다. 다시

나를 지키는 심리학

적응하려면 일정한 시간이 필요하다. 잠깐 자리를 비웠다 와도 이런데, 아예 부서를 바꾼 경우라면 자신에게 충분히 시간을 주는 게 마땅하다.

사람들은 좋지 않은 상황이 닥치면 원인을 찾으려고 한다. 내부요인이라 하여 나에게서 원인을 찾기도 하고, 외부요인이라 하여 타인이나 환경에서 원인을 찾기도 한다. 적응장애가 생기는 이들을 보면 과도하게 내부요인에서 원인을 찾으려는 경향이 있다. 자꾸 나에게서 원인을 찾다 보면 적응하지 못하는 데 대한 분노의 화살이 나에게로 향하면서 우울감이 찾아온다. 굳이 원인을 찾으려 들지 않아도 된다. 내가 잘못된 게 아니다. 나는 지극히 정상이다. 자책하지 말자.

간혹 주변에서 이러한 화살을 나에게 돌리는 수도 있다. 적응하지 못하는 걸 이해해주지 않는 것도 나를 비난하는 것이고, 이해하고 위로한다면서 "왜 그런 걸로 힘들어하고 그래?", "적응하려면 처음에는 다 힘들기 마련이지"라고 이야기하는 것 또한 나를 탓하는 것처럼 느껴질 수 있다. 이런 상황에서는 억지로 우울이나 불안을 느끼지 않으려고 할 게 아니라, 우울이나 불안을 느끼는 나를 있는 그대로 받아들이고 이해하며 위로하는 게 중요하다. 부서를 옮긴 지 얼마 되지 않았으니까 당연히 적응하지 못하는 것이고, 적응하지 못하니까 우울하거나 불안해할 수 있는 것이다.

제일 중요한 건 정상적인 일상의 삶을 유지하는 일이다. 하루 세끼 꼬박꼬박 챙겨 먹고, 매일 산책처럼 가볍게라도 운동할 수 있는 시간을 갖는 게 좋다. "이런 판국에 밥이 넘어가나?", "한가롭게 운동할 시간이 어디 있어?"라고 생각하기 쉽지만, 정말 힘든 상황에서도 무너지지 않는 사람들을 보면 이 같은 일상이 유지되는 사람들이다. 아무리 스트레스를 받고 힘이 들어도 식사 시간이 되면 밥을 먹고, 운동할 시간이 되면 운동하면서 나에게 숨 쉴 틈을 만들어줘야 한다.

나에게 변함없이 지지를 보내주는 좋은 사람들을 계속 만나야 한다. 우울이나 불안 등의 감정 변화가 있을 때 주변에 나를 지지해줄 수 있는 사람들, 즉 지지체계Supportive System가 있느냐 없느냐가 예후에 많은 영향을 끼친다. 좋지 않은 기분이나 감정에서 벗어날 수 있는 반가운 사람들과 교류하는 건 어떤 치료 약보다 탁월한 효과를 나타낼 수 있다. 멋진 분위기와 아름다운 음악, 맛있는 음식과 달콤한 음료 그리고 재미있는 대화가 곁들여진다면 최상일 것이다.

지금 상황이 나아지지 않을 거라 생각되고, 앞으로 계속 이렇게 힘들까 봐 불안할 수도 있다. 하지만 과거를 돌이켜보면 분명 힘들었을 때가 있었을 것이다. 그리고 과거에 힘들었을 때도 상황이 나아지지 않을 거라고만 생각했을 것이다. 내가 원하는 최상의 결과는 아니어도 지금 최악의 상황은 지나

나를 지키는 심리학

갈 것이다. 때로는 나아질 수 있다는 희망이 생기는 것만으로도 상태가 나아지기도 한다. 지금 과거의 힘들었던 때를 떠올리며 나아질 것으로 생각하는 것처럼 지금의 상황 역시 미래를 위한 교훈으로 남을 것이다.

치열하게 살고 있는데도
왠지 공허해요

목적 없는 질주

정주행 대리는 오전에 처리할 업무를 일찍 끝내 놓은 뒤 점심때 뭘 먹을지를 궁리했다. 좀 더 치밀하게 분석하면서 문구도 잘 다듬고 관련 자료를 찾아볼 수도 있었으나 그러기가 귀찮았다.

'구내식당에 가서 주는 대로 먹을까 아니면 회사 밖으로 나가서 맛있는 걸 골라 먹을까?'

정오가 되자마자 회사 문을 나선 그는 10분이나 외떨어진 식당에 가서 혼자 삼계탕을 먹은 다음 카페라테까지 한 잔 마신 후 1시 2분 전에야 자신의 자리로 돌아와 앉았다. 오후 시간을 어떻게 보낼지가 걱정이었다. 거래처도 돌아봐야 하고

나를 지키는 심리학

미팅도 있었지만, 거래처는 다음에 돌아보기로 하고 미팅만 대충 끝냈다. 거의 말 한마디 안 하고 메모만 하는 회의는 따분하기 이를 데 없었다.

퇴근 시간만 기다리던 그는 6시 정각 자리에서 일어나 지하철을 타고 약속 장소로 갔다. 고등학교 동창 몇 명과 술을 마시기로 했기 때문이다. 거나하게 취한 그는 느지막이 집에 들어와 씻는 둥 마는 둥 침대 위에 쓰러졌다. 아내의 지청구가 귓가에 쟁쟁했으나 못 들은 척 누워 있었다.

'요즘 내가 왜 이러지? 일이 재미가 없어. 너무 따분해. 회사를 옮겨야 할까?'

술을 많이 마셨는데도 쉽사리 잠이 오지 않았다. 그토록 다니고 싶던 회사인데 왜 적응이 되지 않는 건지 이해가 되지 않았다. 어렴풋이 과거의 일들이 떠올랐다. 예전에도 그랬던 것 같다. 열심히 공부해서 원하던 대학, 원하던 학과에 합격했음에도 기쁨이나 성취감을 맛본 건 잠시였고, 한 학기 정도 다니다 보니 흥미를 잃고 심드렁해졌던 기억이 났다. 그래서 대학원은 학교와 전공을 바꿔서 갔다. 하지만 학부 때와 마찬가지로 입학 이후 전공에 매력을 느낀 기억이 별로 없다.

그러고 보면 그는 매사에 만족감을 잘 느끼지 못했던 것 같다. 그럴듯한 목표가 정해지면 앞뒤 안 가리고 최선의 노력을 다해 목표를 이루지만, 그다음 무엇을 해야 할지 혹은 이

룩한 목표를 넘어 내가 지향하는 목적이 무엇인지를 구체적으로 고민하거나 정해두지 않았기 때문이었다.

대학원을 마치고 현재 직장에 입사할 때도 모두가 다니고 싶어 하는 좋은 회사였기에 자신도 목표를 정한 것일 뿐 회사에 들어가면 무엇을 할지, 이 회사에서 일함으로써 내가 목적하는 게 무엇인지 심사숙고하지 않았다. 월급도 많이 주고 각종 복지 혜택이 뛰어난 회사라 그럭저럭 다니면서 대리 진급까지 했으나 최근 들어 흥미도 의욕도 사라지면서 전에 느꼈던 감정들이 되풀이된 것이다. 다른 회사로 옮기거나 직종을 바꾸면 과연 이런 고충이나 고민이 사라질지 의문이 든다.

누구보다 열심히 살았으나
한없이 공허한 이유

의외로 우리 주변에는 정주행 대리 같은 고민에 빠진 사람이 많다. 치열한 경쟁 사회를 살아가면서 누구보다 열심히 살아 자신이 목표했던 것들을 이루었지만, 그다음 무엇을 해야 할지 몰라 흥미와 의욕을 잃고 방황하는 사람이 있는 것이다. 이른바 목적 없는 질주를 하는 사람들이다.

제주도를 가려면 비행기를 타야 한다. 한 비행기 안에는 수십 명 이상의 사람이 타고 있다. 그러나 목적은 다 다르다. 목표는 제주도를 가는 거지만 목적은 전부 다르기에 비행하는 동안 각자가 느끼는 기분이나 감정도 각양각색이다. 여행이 목적인 사람은 마냥 즐겁고 흥분될 것이다. 집이 제주도라서 가는 사람은 부모님을 만날 생각에 흐뭇할 것이다. 시댁에 제사를 지내러 가는 며느리라면 고된 일을 앞두고 머리가 지끈거리고 속이 답답할 수 있다. 업무상 출장을 가는 사람이라면 일거리를 거듭 확인하면서 긴장감이 밀려올 수 있다. 목적에 따라 기분과 감정이 이렇게나 다르다.

너무 바쁘게 정신없이 살다 보면 지금 하는 일의 목적이 무엇인지를 잊어버리는 경우가 많다. 앞만 보고 달려가느라 옆이나 뒤를 돌아볼 겨를이 없는 것이다.

비단 회사뿐 아니라 가정에서도 그렇고 친구 사이에서도 그렇다. 사랑과 행복이 넘쳐나야 할 가정이나 우정과 의리가 중시되어야 할 친구 관계에서 본말이 전도되어 사소한 일에 연연하다가 더 큰 가치를 훼손하는 일을 종종 보게 되는 것은 대략 이런 이유에서다. 목표를 공유하는 사람과는 일시적으로 좋은 관계를 유지할 수 있지만, 평생 긴밀한 관계를 유지하기는 어렵다. 반면 목표가 조금 다르더라도 목적을 공유하는 사람이라면 자잘한 이견에도 불구하고 평생 긴밀한 관계를 유지할 수 있다.

뚜렷한 목표부터
일단 찾아라

뭔가를 유지하는 데도 목적이 필요하다. 유지하기 어려운 대표적인 예가 다이어트인데, 다이어트의 목적을 뚜렷이 하면 원하는 목표를 이룰 가능성이 커진다.

'3개월 안에 몸무게를 10킬로그램 감량해야지.'

'한 달 내로 BMI(체질량지수)를 정상치까지 끌어내릴 거야.'

'근육량을 늘려 몸매가 탄탄해질 때까지 매일 한 시간씩 운동해야지.'

이런 건 전부 목표가 될 수 있다. 그렇지만 이런 목표가 곧 목적은 아니다. 목표를 달성함으로써 이루고자 하는 보다 큰 가치나 의미가 있어야 한다. 그것이 목적이다.

'몸무게를 감량한 뒤 소개팅을 해서 원하는 짝을 만나야지.'

'BMI를 정상치로 만든 후 프로필 사진을 예쁘게 찍어 입사 원서를 작성하면 취업이 될 거야.'

'근육량을 늘려 몸매가 탄탄해지면 내가 원하던 브랜드의 멋진 옷을 꼭 사 입을 테야.'

이 같은 목적이 있어야 원하는 목표를 이루기 쉽고, 목표를 이룬 후에도 지치거나 마음이 바뀌거나 무료해지지 않을 수 있다. 목표 지향보다 목적 지향이 더욱 중요하다.

목적이 불분명하거나 목적을 통해 긍정적인 기분이 떠오

르지 않으면 한 가지 일을 오래 계속하기 어렵고, 목표를 성취하고 난 후에도 행복감을 느끼기가 어렵다. 그리고 지금까지 내가 뭘 한 건지 허무하기도 하고, 목표가 사라졌다는 데서 뜻하지 않은 불안감이 올 수도 있다. 매진해 오던 목표가 이미 달성됐기에 이제 앞으로 뭘 해야 할지를 몰라 무기력감에 빠질 우려도 있는 것이다.

"내가 지금 무엇을 위해 일하고 있는 거지?"

목적 없는 질주를 하다가 문득 이런 생각이 든다면 어떻게 하는 게 좋을까?

이럴 때는 먼저 내가 왜 이 일을 시작했는지를 찬찬히 생각하고 찾아보는 게 필요하다. 목적이란 내가 이 행위를 왜 하는가에 관한 이유이기 때문이다. 이 일을 시작하기 전에 내가 어떤 미래를 그렸었는지 생각해보자.

정주행 대리 같은 경우, 자신이 이 직장을 선택한 이유를 곰곰이 생각해봐야 한다. 자신의 꿈이나 미래에 현재의 직장과 일이 어떻게 연결되는지, 자신이 그리는 행복한 삶에 지금의 직장과 업무가 어떤 연관이 있는지를 자세히 들여다보면 연결고리 혹은 열쇠 같은 걸 발견할 수 있다. 섣불리 이직이나 퇴사를 결심하는 건 금물이다. 경험 많은 주변의 선배나 어른들과 의논하는 것도 좋다. 같은 길을 먼저 가본 사람이나 비슷한 고민을 먼저 해본 사람의 조언은 내가 미처 깨닫지 못한 것을 깨닫게 해주는 지혜의 통로가 될 수 있는 법이다.

다음으로 인생의 버킷리스트를 만들어보는 것도 괜찮은 방법이다. 내가 원하는 삶, 내가 하고 싶은 것, 내가 꿈꾸는 일을 아주 구체적으로 하나하나 생각하고 그려보고 설계하다 보면 현재의 직장이나 자신이 하는 일을 통해 그 버킷리스트를 채우고 이룰 수 있는 공통분모를 찾아낼 수도 있다.

종착점이 같더라도 이에 다다를 수 있는 길과 방법은 수없이 많다. 하나의 목적지로 향하는 길이 오직 하나의 길뿐인 경우는 그리 많지 않다. 어떤 길로 가더라도 원하는 목적지에만 이를 수 있다면 현재 내가 다니는 직장이나 하고 있는 일을 통해서도 얼마든지 희망하는 목적을 이룰 수 있다는 점에서 버킷리스트를 만들어 보는 건 해결책을 찾아가는 의미 있는 방법이다.

꼭 나만 뒤처지는 것 같은 기분이 들어요

재택근무 불안감

　　김 대리는 입사 3년 차 직장인이다. 입사 동기 중 가장 먼저 대리로 진급했다. 학교 다닐 때부터 누구에게 뒤처지는 걸 싫어해 뭐든 열심히 하다 보니 항상 남들보다 조금씩 앞서 나갔다.

　　대리로 진급한 지 얼마 되지 않아 코로나 사태가 심각해졌고, 그때부터 지금까지 약 10개월 동안 재택근무를 하고 있다. IT 기업이다 보니 집에서 일해도 업무 처리에는 아무런 지장이 없었다. 필요한 회의는 인터넷 화상회의로 하고, 자잘한 의사소통은 SNS를 이용하면 되니 시간을 알뜰하게 활용할 수 있는 장점도 있었다. 무엇보다 출퇴근 시간 콩나물시루 같은 전철에서 시달리지 않아 좋았고, 원치 않는 회식 자리에 불려 나가 억지로 술잔을 기울이지 않아도 되니 좋았다.

재택근무 초반, 그녀는 정말 행복했다. 딱딱한 조직 문화 속에서 일하다가 자신만의 오붓한 공간에서 일하게 되었다는 사실이 믿기지 않을 정도였다. 평소 그녀는 긴장을 많이 하는 편이었다.

'실수하면 안 돼.'

'남들보다 더 잘해야 해.'

이런 생각을 하며 살아온 까닭에 입사 이후 하루도 긴장을 늦춘 날이 없었다. 늘 긴장한 덕분에 누구보다 일을 잘 해낼 수 있었고, 결과를 인정받아 진급까지 하게 되었다. 재택근무는 그녀를 긴장감에서 해방시켜 주었다. 한시도 마음 편히 지내지 못하다가 온종일 편안한 마음으로 일하게 된 것이다. 자신을 향한 주변의 시선이 사라졌다는 사실이 편안함을 가져다주었다.

하지만 재택근무가 길어지면서, 그녀에게 점점 불안감이 엄습하기 시작했다. 업무 효율이 예전 같지 않았다. 긴장감이 없어지면서 자신이 너무 느슨해졌다고 느낀 것이다. 처음에는 출근할 때처럼 제시간에 일어나 씻고 아침 식사를 한 후 정장은 아니더라도 편안한 일상복으로 갈아입고 책상에 앉아 점심시간, 휴식 시간을 지켜가며 퇴근 시간까지 정확하게 일을 했었는데, 요즘은 고양이 세수만 한 채 잠옷 차림으로 책상에 앉아 일하는 게 다반사다. 회의가 있을 때만 화장을 하고 옷도 갖춰 입는데, 그것도 상의만 그럴 뿐 하의는 잠옷 그대로다. 중요한 업무를 처리하고 나면 더 일하고 싶은 생각이 없을 때가 많다. 그러면 노트북으로 영화를 찾아보거나 음악을 듣는다.

'내가 이렇게 남들의 시선을 의식하면서 사는 사람이었나?'

'다른 직원들도 나처럼 지내고 있을까? 이러다가 나만 뒤처지는 거 아닌가?'

다행히 얼마 전 실시한 고과평가에서 만족스러운 결과가 나오기는 했지만, 불안한 마음은 여전했다. 입사 동기들이나 선후배들 이야기를 직간접적으로 들어 보면 다들 재택근무에 잘 적응하면서 나름 즐겁게 사는 것 같은데, 왜 자신만 자꾸 불안해하는지 알 수 없었다.

그녀는 자신의 게으름을 탓하기도 하고, 성격을 탓하기도 하고, 생활 습관을 바꿔 보려고도 했으나 별다른 효과가 없었다. 언제부턴가 밤잠을 설치는 날도 많아졌다. 코로나 사태가 완전히 끝나지 않는 한 재택근무가 언제까지 이어질지 모르는데, 김 대리는 하루하루 스스로에 대한 불만과 불안이 쌓여 가기만 했다.

왜 불안한 걸까?
자가진단 해보기

사회심리학 이론 가운데 귀인이론Attribution Theory이 있다. 자신이나 다른 사람들의 행동 원인을 찾아내기 위해 추론하는 과정을 설명하는 이론이다. '귀인歸因'이란 '어떤 행동의 원인을 어딘가에 귀속시킨다'는 뜻이다. 왜 이런 결과가 나타났는지 원인을 찾아내 규명하려는 것이다.

여기에는 내부요인, 즉 자신이나 다른 사람들의 행동 원인을 성격이나 기질 같은 내부로부터 찾아내려는 추론 과정이 있다. 또한 외부요인, 즉 자신이나 다른 사람들의 행동 원인을 환경이나 상황 같은 외부로부터 찾아내려는 추론 과정도 있다. 어떤 행동의 원인을 명확하게 밝힘으로써 미래의 불확실성을 줄이고 앞으로 나타나게 될 행동을 예측하기 위해 이와 같은 귀인 과정을 거친다.

만약 누군가 몹시 불안해하고 있다고 치자. 그 이유를 두고 어떤 사람은 이렇게 말할 수 있다.

"저 사람에게 정말 힘든 일이 있었나 보다."

또 어떤 사람은 이렇게도 말할 수 있다.

"아, 원래 저 사람은 멘탈이 저렇게 약하구나."

첫 번째는 외부요인에서 원인을 찾는 추론이고, 두 번째는 내부요인에서 원인을 찾는 추론이다.

나를 지키는 심리학

위 사례의 김 대리는 코로나 사태라는 외부요인은 무시한 채 게으른 성격이라는 자신의 내부요인에만 집중하고 있다. 원치 않는 상황이 발생하면 누구나 화가 난다. 이럴 때 원인을 자신의 내부에서만 찾으려 하면, 자꾸 자신을 탓하게 되고, 자신이 싫어지기도 하며, 자신에게 실망하게 된다. 자신을 믿지 못하니 불만이 더 쌓이고, 불안은 갈수록 증폭된다. 화는 방향이 필요하다. 화를 낼 대상이 필요한 것이다. 원인을 자신에게서 찾으려 할 경우, 분노의 방향이 나를 향한다.

자기보호편향에
쉽게 빠지지 않는 법

사람에게는 자기보호편향Self Serving Bias이라는 게 있다. 자신에게 안 좋은 일이 생겼을 때는 자신의 내부보다 외부에서 원인을 찾고, 타인에게 안 좋은 일이 생겼을 때는 타인의 외부보다 내부에서 원인을 찾는 방식으로 자신의 자존감을 보호하려 한다. 자신에게 유리한 방향으로 해석하는 것이다. 시쳇말로 '내로남불'이다. 예를 들어 자신의 고과평가가 안 좋게 나왔다면 운이 나빠서 그런 것이고, 다른 사람의 고과평가가 안 좋게 나왔으면 실력이 별로라서 그렇다고 여긴다.

이런 편향은 자기를 보호하기 위해 본능적으로 생겨나는 것이다. 하지만 너무 한쪽으로 치우치는 것은 바람직하지 않다. 내가 너무 내부요인 혹은 외부요인에서만 원인을 찾으려는 경향이 있는 건 아닌지 점검해보아야 한다.

만약 내가 매사 내부요인에서만 원인을 찾으려는 엄격함을 유지하고 있다면, 때때로 외부요인에서 원인을 찾으려고 노력하는 것도 나쁘지 않다. 즉, 너무 내 탓만 하지 말고 남 탓을 하는 것도 자신의 자존감을 보호하는 측면에서 필요한 일이라는 뜻이다.

만약 이게 잘되지 않는다면, 내가 처한 실제 상황이 아니라 내가 가장 아끼는 사람이 당한 상황이라고 가정해보자. 이런 경우, 그 사람을 위해 무슨 말을 해줄 수 있을까.

"이건 네 잘못이 아니야. 이런 환경이나 조건이라면 누구라도 그럴 수밖에 없을 거야."

아마 대부분이 이렇게 상대방 처지에서 생각하고 위로하는 자신을 발견할 것이다. 남에게 하듯 자신에게도 이런 태도로 임하면 된다. 나에게는 엄격하고 남에게는 관대한 사람이 자신에게 안 좋은 일이 있을 때 외부보다 자신의 내부에서 계속 원인을 찾으려고 한다. 자기보호편향과 반대로 행동하는 사람이다. 끊임없이 내 탓을 하고 자신에게 분노를 느끼다 보면 우울감이 발생할 수 있다.

더 중요한 건 모든 행동과 결과의 원인을 내가 찾을 수 있을 거라는 믿음을 버리는 자세다. 원인을 명확히 찾아내 해결할 수 있다면 좋겠지만, 그건 쉽지 않은 일이다. 우리 삶에는 원인을 알 수 없거나 찾기 힘든 일이 그렇지 않은 일보다 훨씬 더 많이 일어난다. 이 점을 이해해야 한다.

무엇보다 자신을 믿고 사랑하는 마음을 갖는 게 중요하다. 내 멘탈이 약하기 때문이 아니다. 행동이나 결과의 모든 원인이 나에게 있는 것이 아니다. 환경이나 상황이 좋아지면 행동이나 결과도 달라질 것이다. 이렇게 생각하면서 자신감을 되찾는 게 필요하다.

긍정적으로 열심히 살다 보니 다른 사람보다 조금씩 앞서 나갔던 김 대리. 그녀는 지금 남들보다 뒤처진 게 아니다. 동료나 선후배 등 다른 사람들도 나와 비슷한 경험을 하고, 동일한 어려움을 겪을 가능성이 크다. 지금 김 대리에게 필요한 건 객관적으로 나를 바라보고 냉철하게 판단해줄 판사가 아니라, 내 편이 되어주고 나를 변호해줄 수 있는 변호사다.

불편한 상황이 싫어서
내가 먼저 피해요

회피성 성격

     치열한 경쟁을 뚫고 입사에 성공한 신입사원 박수치 씨. 면접 후 최종 합격 소식에 그는 뛸 듯이 기뻤다. 매일 아침 새 옷을 단정하게 차려입고 남들처럼 일터로 출근할 생각을 하니 뿌듯하기도 하고 신기하기도 했다. 처음 주민등록증을 발급받았을 때 어른이 되었다고 생각했는데, 돌이켜 보니 그때는 아직 어린애였고 이제야 비로소 제대로 어른이 된 것 같았다.

     그런데 박수치 씨에게는 남모를 고민이 한 가지 있었다. 낯을 많이 가리는 성격이다. 어려서부터 낯 가리는 아이라는 소리를 자주 들었다. 그래서 친구를 사귀기 힘들었다. 틈을 주지 않으니 남들이 선뜻 다가오지 못했고, 수줍음이 많아 스스로 남들에게 먼저 다가가지 못했다. 중고등학생 때도 언제나 같이 다니는 몇몇 친구들하고만 밥을 먹었다. 방과 후에는 따로 만나는 친구가 없었다. 대학생이 되어서도 마찬가지였다. 늘 혼자 지내다 보니 속내를 털어놓을 만한 친구는 손에 꼽을 정도였다.

열심히 공부하며 성실하게 살았기에 원하는 직장에 들어갈 수 있었지만, 회사생활을 하게 되면 여러 사람과 어울리면서 팀워크를 맞춰 일해야 할 텐데 자신이 잘 해낼 수 있을지 걱정이었다. 신입사원이라면 응당 선배나 상사들에게 붙임성 있게 다가가야 하고, 일 때문에 만나게 될 거래처 사람들과도 친밀하게 지내야 한다. 낯가림이 심한 그로서는 아무래도 자신 없는 일이었다.

'사람들이랑 어울리는 거 별로 좋아하지 않는데…… 더군다나 낯선 사람들하고는…….'

긴장과 불안 속에 드디어 첫 출근날이 되었다. 업무 교육 시간에도, 부서 배치를 받을 때도, 합류한 팀에서 첫 번째 회의를 할 때도 사람들로 북적였다. 어딜 가나 낯설고 누굴 만나든 가슴이 두근거렸다. 종일 사진이 붙은 사원증을 목에 걸고 다녀야 하는 것도 쑥스러웠다. 다른 신입사원들은 인사도 잘하고 스스럼없이 선배들에게 말도 걸었다. 사교성 좋은 사람은 벌써 팀 상사들과 커피를 마시며 웃고 떠들기도 했다. 박수치 씨는 회사 안에서도 자기만 혼자라는 생각이 들었다.

"박수치 씨, 뭐해요? 내일 같이 점심 먹을래요? 두루두루 할 말도 있고."

잠깐 짬을 내 자리에 앉아 있던 그에게 팀 직속 선배인 조 대리가 다가와 먼저 말을 붙였다.

"네? 아뇨. 내일 점심 때 선약이 있어서요. 다음에 하는 게 좋을 것 같습니다."

엉겁결에 그는 자신의 사수인 조 대리의 제안을 거절하고 말았다. 물어볼 것도 많은 데다 친해질 좋은 기회였는데, 자기도 모르게 거짓말까지 하면서 자리를 피한 것이다. 조 대리에게 일을 배워야 하는 처지에서 그와 친해지지 않으면 업무를 제때 익히기 어렵다. 박수치 씨가 먼저 친해지려 다가가고 밥 먹자고 해도 시원치 않을 판에 사수가 내민 손을 뿌리치는 실수를 한 것이다.

'아, 역시 나 같은 사람은 조직 생활에 맞지 않는 것 같아.'

'사람들과 어울려서 하는 일보다는 나 혼자서 할 수 있는 일을 찾아보는 게 좋겠어.'

어렵사리 회사에 입사했을 때 맛봤던 기쁨과 행복도 잠시뿐이었고, 하루하루 출근하는 게 고역이었다. 마침내 박수치 씨는 회사를 그만둘 생각까지 하게 되었다.

나를 지키는 심리학

혼자 있는 시간이
더욱 편한 사람들

혼자 있는 게 마음 편한 사람이 있다. 사람들로 북적거리는 곳을 피해 조용한 곳에서 사색하듯 시간을 보내는 사람이다. 이런 사람 중에는 혼자 있는 게 좋아서 스스로 고립되는 사람도 있지만, 남들과 친하게 어울리고 싶어도 그렇게 하지 못하는 사람이 있다. 사회생활에 적응하지 못하고 집 안에만 틀어박혀 지내는 사람을 '히키코모리'라고 하는데, 자신의 의지로 고립되는 히키코모리와 다르게 자신의 의지와 무관하게 낯가림이 심해 타인과 어울리지 못하는 사람들이다.

이런 사람은 본인이 남들과 어울리고 싶어 하지 않는다고 생각하지만, 깊이 분석해보면 자기도 남들처럼 사교적인 사람이 되고 싶어도 상처받는 게 두려워 관계를 회피하는 것일 수 있다. 이들은 자신이 친해지려고 다가갔을 때 상대방이 싫은 기색을 보이면 상처를 받는다. 그래서 나중에 친해진 다음 이를 빌미로 상대방에게서 생각지도 않은 상처를 받을까 봐 두려운 것이다.

심한 경우 '회피성 성격장애Avoidant Personality Disorder'라고 진단을 내리기도 한다. 박수치 씨는 회피성 성격장애라고 진단할 정도는 아니지만, 진단을 내려야 할 정도로 심각한 사람은 사람들과 관계 맺는 게 어려워 대인관계가 빈번한 직업을 피하려 한다. 타인에게 비난당하거나 거절당하는 상황을 두려워하며, 수치심Shame을 경험하지 않으려고 이러한 상황을 의도적으로 피하는 것이다.

사실 대인관계에서 수치심을 느낄 정도로 비난당하거나 거절당할 확률이 그리 높지 않음에도 불구하고 이런 사람은 그럴 확률이 매우 높다고 생각한다. 따라서 거절당하는 일이 벌어지지 않게 미리 피한다. 그러나 이는 추측일 뿐이다. 불편한 감정을 느끼지 않으려다 보니 평소 습관대로 빨리 판단해서 결정하고 실제로 그런 상황이 닥치지 않았는데도 자기 자신을 비난한다.

자연스럽게 대인관계를
만들어나가는 법

수치심을 느끼지 않으려고 일부러 사람들과의 관계를 피하는 사람은 어떻게 해야 이런 성격을 극복할 수 있을까? 또 어떻게 해야 조직이나 단체에서 사람들과 잘 어울리며 성숙한 대인관계를 만들어 갈 수 있을까?

먼저 나에 대한 상대방의 생각을 섣불리 예측하지 않는 것이 중요하다. 상대방은 나에게 수치심을 줄 의도가 전혀 없는데, 나 혼자 지레짐작하는 것은 내 착각일 뿐이다. 이럴 때는 매일 일기를 쓰면서 내가 어림짐작했던 상대방의 생각을 찾아보고, 다른 여러 가지 가능성을 평가해보는 것이 좋다.

예를 들어 오늘 점심시간에 부서원 전체가 불고기 도시락을 주문했는데, 부장님 표정이 좋지 않았을 때 평소 같으면 '아, 나 때문에 화가 나셨구나. 괜히 불고기 도시락을 주문했어. 이제 부장님이랑 잘 지내기는 틀린 거야' 이렇게만 생각할 수 있다. 그런데 이런 생각이 진실일 가능성은 100퍼센트가 아니라 30퍼센트일 뿐이다. 나머지 70퍼센트의 다양한 경우를 얼마든지 생각해볼 수 있다.

'불고기를 안 좋아하실 수는 있지만, 나한테 화가 나서 그런 건 아닐 거야.' (가능성 40퍼센트)

'도시락 때문에 표정이 안 좋으신 게 아니라 다른 이유가 있는 거겠지.' (가능성 20퍼센트)

'내가 잘못 본 거야. 표정이 안 좋으신 게 아닐 수도 있어.' (가능성 10퍼센트)

이렇게 다양한 생각을 찾아보면서 여러 가능성을 평가하면 섣부른 예측을 하지 않을 수 있다.

구체적이고 현실적인 목표를 세우는 것도 좋은 방법이다. '동기와 친해지기', '사수와 가까워지기' 이런 모호한 목표 말고, 아주 구체적이고 현실적인 목표를 세우는 것이다. '오늘 동기에게 먼저 인사하기', '이번 주 안으로 팀장님과 5분 넘게 대화하기', '이달 안에 사수와 점심 식사 하기' 등이다. 그래야 실천할 수 있다. 우선 편한 대상에게 시도해보는 게 좋다. 애매한 목표를 세운 뒤에 소극적으로 시도했다가 다른 핑계를 대면서 합리화하는 경우가 많은데, 이를 경계해야 한다.

간혹 다른 사람이 나에 대해 그 정도로 관심을 가지지 않는다는 생각만으로 불안이 줄어들 수도 있다. 아무 관심 없는 타인으로부터 숨을 필요가 없다는 걸 깨닫게 되면 충분히 좋아질 수 있다.

회피성 성격인 사람들이 근본적으로 피하려는 것은 수치심이라는 감정이다. 수치심은 어원적으로 '숨긴다to hide'는 의미를 가진 동사에서 파생된 것으로 무언가로부터 숨기고 싶은 충동이 나타날 때 느껴지는 것이다. 타인의 기준이 아닌 자신의 내적 기준을 만족시키지 못할 때 느끼는 감정이다. 결국 스스로 만족하지 못하기 때문에 타인이 자기를 부족하다고 여길 거라 판단하고, 타인을 통해 자신의 부족한 점을 확인하는 상황이 두려운 것이다. 부족한 자신을 타인으로부터 숨기려는 게 바로 회피성 성격의 특징이다. 하지만 타인을 의식하기보다 내가 나를 어떻게 바라보는지부터 유심히 살펴봐야 한다. 나에게 주목하고 나를 사랑하며 살기에도 인생은 너무 짧다.

퇴근 후에도 마음대로 쉴 수가 없어요

슈드비 콤플렉스

　　이비지 대리는 다음 주부터 휴가다. 기다리고 기다리던 휴가를 앞두고 그녀의 마음은 설렘으로 가득하다. 하고 싶은 일이 너무 많다. 스마트폰 안에 적어둔 일정표를 들여다보니 어느새 빼곡하다. 그동안 밀린 영어 공부도 해야 하고, 회사 다니면서 병행 중인 대학원 석사 논문도 써야 하고, 한참이나 만나지 못한 친구들도 봐야 한다. 그 밖에 또 뭘 해야 좋을까 틈틈이 궁리 중이다.

　　그녀는 항상 바쁘다. 회사 출근할 때는 물론 휴가 중일 때도 마찬가지다. 바쁜 건 그녀의 일상이다. 그녀 사전에 한가함이나 무료함 같은 단어는 없다. 아침에 지하철을 타고 출근할 때도 주식이나 부동산 관련 유튜브 영상을 시청하고, 퇴근 후에는 영어 학원에 갔다가 헬스클럽을 들른 후 집에 들어온다. 늦게 저녁을 챙겨 먹은 다음에는 줌으로 독서 동아리 모임에 참여해 지식과 정보도 얻고 수다도 떤다. 주말에는 젊은 직장인들로 구성된 산악회에 참가해 서울 근교 산을 오르면서 지친 몸과 마음을 달랜다. 날이 궂어 산에 가지 못할 때는 미뤄둔 숙제를 하느라 분주하다. 안 해도 되지만, 시간 날 때 하려고 기록해둔 스스로 부과한 그녀만의 숙제 또한 장난이 아니다.

사정이 이렇다 보니 월요일 회사에 출근하면 가뿐하고 의욕이 샘솟아야 할 텐데 목요일이나 금요일인 것처럼 노곤하고 기운이 없다. 그렇지만 그녀는 이렇게 사는 게 습관이 됐다. 할 일이 없는 시간, 아무것도 하지 않아도 되는 시간을 견딜 수 없는 것이다. 가만히 있으면 생활 리듬이 깨지는 것 같고, 혼자만 경쟁에서 뒤처지는 듯해서 불안하다. 정 할 게 없으면 뭐라도 만들어서 해야만 직성이 풀린다. 회사에서는 그녀를 열정과 패기로 똘똘 뭉친 슈퍼우먼이라고 추켜세운다.

쉴 새 없이 바쁘게 사는 사람들이 빠지기 쉬운 함정

이비지 대리 같은 사람을 '슈드비 콤플렉스Should Be Complex

나를 지키는 심리학

에 빠진 사람'이라고 부른다. 항상 뭔가를 해야만 한다는 강박을 가진 사람들이다. 꼭 누군가의 인정을 바라고 이렇게 바쁘게 사는 건 아니다. 주변에서 대단하다고 이야기하거나 멋지다고 칭찬하지만, 그런 소리를 듣고 싶어서 억지로 하는 것도 아니다. 그저 자신에게 주어진 시간을 생산적으로 쓰고 싶은 것뿐이다. 시간을 낭비하는 건 인생을 낭비하는 일이라는 생각에 한시라도 허투루 보내고 싶지 않은 것이다.

만약 생산적이지 않은 일로 시간을 낭비했다고 생각하면 자기 자신을 비난하면서 이를 만회하기 위해 다음 날 더 바쁜 계획을 세운다. 이렇게 살다 보면 내가 세운 계획을 해냈다는 성취감을 느끼기도 하지만, 모든 순간이 긴장의 연속이기에 하루하루 시험을 보는 기분으로 살 수밖에 없다. 브레이크 없이 액셀러레이터만 밟다 보니 한순간 '번아웃Burnout' 상태에 이를 수도 있다.

그러나 슈드비 콤플렉스에 빠진 사람은 번아웃으로 병가를 쓰게 되었음에도 두리번거리며 뭔가 자신이 해야 할 일을 찾는다. 너무 일을 많이 하면서 바쁘게 산 결과 번아웃이 와서 쉬는 건데도, 몸이 따르지 않아 하고 싶은 일을 하지 못하니 답답하기만 하다. 쉬어본 적이 없기 때문이다.

반면 독하게 마음먹고 나도 한번 쉬어보자고 생각하면 진짜 아무것도 하지 않으려고 한다. 쉬는 것도 강박이다. 편안한 마음으로 일상에서 벗어나 자유를 누리면 될 텐데 이게 잘 되지 않는다. 이번에는 정말 꼼짝도 하지 않고 쉬는 게 자신의 과업이자 숙제가 된 것이다. 아무것도 하지 않는 일에도 등급을 매겨 평가하려고 든다. 뭘 열심히 하는 것보다 이렇게 쉬는 게 더 난도가 높다.

"뭔가를 해야만 한다."

이 같은 강박관념은 점점 자신의 행동반경을 옥죄기에 이른다. 여기서 벗어나는 방법은 "아무것도 하지 말아야 한다"가 아니다. 뭔가를 한다는 것의 반대는 아무것도 하지 않는 것이 아니다.

"무엇이든 해도 된다."

이것이 바른 방향이다. 뭐든 하면서 바쁘게 사는 게 삶의 방향이었던 사람에게 아무것도 하지 말라는 것은 고문과 같다. 올바른 해결책이 아니다. 어느 한 가지에 얽매이지 말고 무엇이든 자유롭고 편안하게 할 수 있다고 생각하는 게 중요하다.

이럴 때는 평소에는 해보지 않았던 걸 해보는 것이 좋다. 잘할 필요 없다. 잘하지 않아도 된다. 등급이나 점수는 필요치 않다. 하고 싶었으나 할 수 없었던 것들, 비생산적인 것 같아서 망설였던 일들, 시간이 부족해서 하지 못했던 것들을 해보는 것이다. 낚시도 가고, 자전거도 타고, 바둑도 두고, 캠핑도 떠나고, 요리를 배워보는 것도 괜찮다.

우연히 휴가 때 해본 짧은 경험이 취미가 되어 휴가가 끝난 뒤에도 이어지는 경우가 많다. 처음 시작하려면 많은 에너지가 들기에 보통 때는 시도조차 어려운 일이라도 휴가나 주말을 이용하면 큰 부담 없이 시작할 수 있다. 한번 해보고 나서 나에게 맞지 않는다거나 시큰둥해지면 그만둬도 상관없다. 뭔가를 시작하면 꼭 오래도록 계속해야 한다는 생각이 강박으로 이어진다. 그러지 않아도 된다. 취미 활동 잘하는 사람들을 보면 한 가지를 오랫동안 하기보다는 여러 가지 적절한 취미를 잘 찾아낸다. 새로운 걸 시도하는 데 두려움이 없고 취미를 찾는 것에 익숙한 것이다.

잘해야 한다는
부담을 떨치자

아무리 생각해도 꼭 해야 하는 게 있다면 평소와 같은 수면 패턴을 유지하면서 하는 게 좋다. 하루 세끼 식사도 꼬박꼬박 하고, 매일 운동도 하는 등 일상을 정상적으로 유지하면서 하는 것이다. 과도한 몰입이나 집착을 막기 위해서다. 이렇게 꼭 챙겨야 할 기본적인 것은 챙기지 않고 반대로 하는 경우가 많다. 주말이나 휴가니까 보상이 필요하다면서 억지로 평소보다 더 자려고 하고, 쉬지 않고 자꾸만 먹으려고 한다. 뭔가를 해야 한다는 의무감에 스스로 일상을 깨는 것이다.

슈드비 콤플렉스를 극복하기 위해 주말과 휴가를 맞아 모처럼 푹 쉬기로 작정했는데, 그 쉼의 방향이 한 방향으로 치우쳐 오히려 생활 리듬을 깨뜨리거나 심한 피로감을 몰고 오는 수가 있다.

"이번 주말에는 아무것도 하지 않고 잠만 잘 거야."

"올 휴가 때는 정말 꼼짝도 하지 않고 먹고 싶은 것 실컷 먹으면서 지낼 거야."

이런 결심을 한 뒤 잠만 자고 먹기만 하면 온전한 쉼이 이루어질까? 더 힘들고, 더 지치며, 더 피곤이 몰려온다. 평소와 패턴이 너무 달라졌기 때문이다. 고단함이 쌓이고 쌓여 에너지가 고갈된다.

다시 말해 결국 어떤 걸 해도 좋은데, 잘하지 않아도 된다. 늘 성공과 실패, 통과와 탈락이라는 기준을 만들어 놓고 자신의 모든 일을 거기에 꿰맞추려 하지 않아야 한다. 행복과 즐거움을 위해 시작한 일이 매번 시험과제처럼 되는 건 이 때문이다. 잘해야만 한다는 부담을 떨쳐버리고 강박을 놓아버리는 순간, 마음이 편안해지면서 진정한 자유를 맛볼 수 있게 된다.

뭔가를 해야 하는데, 하지 못하는 것이 아까운 게 아니다. 아무것도 하지 않아도 되는데, 뭔가를 해야 하는 게 아까운 것이다. 운동선수가 한 쿼터를 끝내고 다음 쿼터를 시작하기 전까지 쉬는 건 아무것도 하지 않는 게 아니다. 경기를 위한 준비다. 그 시간이 아깝다고 혼자 코트에 나가 뛸 이유가 없다. 다음 쿼터가 시작되었을 때 그 사람은 지쳐서 제대로 경기를 치를 수 없을 것이다. 쉴 때 쉬지 않았기 때문이다. 충분한 쉼을 갖는 건 마라톤 같은 인생에 꼭 필요한 시간이다.

중국 춘추전국시대의 현자인 노자老子가 《도덕경道德經》에서 '무위이무불위無爲而無不爲'라고 말한 건 바로 이와 같은 의미다. 아무것도 하지 않는 것처럼 보이지만, 그 고요와 정지가 바로 모든 것을 가능케 하는 에너지라는 말이다. 오히려 억지로 뭔가를 하려 하고, 자연을 거슬러 인위적인 것을 꾀하며, 과도한 욕망 속으로 자신을 몰아넣는 것이야말로 하지 말아야 할 일이다. 그것은 결과적으로 자신과 이웃을 힘들게 하고 자연의 순리를 해치는 일이기 때문이다.

Part 2

버거운 관계로부터 나를 지키는 연습

상처받은 건 그가 아니라
'나'입니다

나를 지키는 심리학

나를 없는 사람
취급하는 상사, 어쩌죠?

나르시시스트의 의도적인 침묵

      고 부장은 회사 안에서 유명한 인물이다. 워낙 일을 잘하고 실적이 좋아 동기 중에서 승진이 제일 빠르다. 동기들은 대부분 과장이고 차장이 몇 명 있는데 혼자서 부장이 되었다. 성취욕이 강하고 추진력도 대단하다. 향후 최고위급 임원은 떼어 놓은 당상이라는 데 아무도 이의를 제기하는 사람이 없다. 회사에서도 비중 있는 일이 생기면 그에게 맡길 정도로 신임이 상당하다.

  하지만 부하직원들에게 그는 두려움과 공포의 대상이다. 눈높이가 지나치게 높고 완벽주의를 추구하다 보니 그의 마음에 들게 일을 해내기가 어렵기 때문이다. 시킨 일을 제대로 하지 못하거나 몇 번 야단을 맞고 눈 밖에 나면 이를 만회하기가 여간 어려운 게 아니다. 고 부장에게 찍혀서 괴롭힘을 당하다가 참지 못해 결국은 사표를 쓰고 회사를 떠났다는 사람이 한둘이 아니다.

고 부장 부서에서 일하는 나억울 씨 역시 사회생활 잘하기로 소문난 사람이다. 치밀하고 꼼꼼한 성격이라 일을 빈틈없이 잘하는 데다 대인관계도 좋아서 누구한테 미움이나 원망을 받아본 적이 없을 정도다. 고 부장 성격과 스타일을 익히 알고 있는 그는 매사에 더 조심하고 눈치를 살펴 가며 그럭저럭 잘 지내왔다. 업무 관계로 지적을 당한 일도 없고 꾸지람을 들은 일도 없다.

그런데 지난 달부터 갑자기 고 부장의 태도가 달라졌다. 인사를 해도 못 본 척 그냥 지나치고 불러서 업무를 지시하거나 일 진행 상황에 관해 묻는 일도 없어졌다. 예전에 나억울 씨가 참석했던 고 부장 주재 주례회의에도 들어가지 못했다. 안 들어와도 된다는 통보를 받았기 때문이다. 회의가 끝난 뒤 고 부장이 강조했다는 중요한 전달사항도 다른 직원을 통해 전해 들었다.

'도대체 고 부장님이 나한테 왜 이러시는 걸까?'

아무리 생각해도 잘못한 게 떠오르지 않았다. 눈 밖에 날 만한 일을 한 기억이 없었다.

순간 머릿속을 스치는 게 있었다. 아차 싶었다. 지난달 고 부장이 시킨 일이 있었는데, 나억울 씨는 시간 여유가 있다고 생각해서 다른 일을 먼저 하고 지시받은 일은 그다음에 한 적이 있었다. 누가 봐도 타당한 판단이었다. 순서만 바뀌었을 뿐 두 가지 일 다 잘 처리되었기에 아무런 문제가 없다고 생각했다. 한데 그런 게 아니었다. 고 부장은 자신을 무시했다고 느낀 모양이다.

'이 일을 어떻게 수습해야 하나……'

다음 날부터 나억울 씨는 회사에 출근하는 게 무서워졌다. 어떻게 해야 예전처럼 회사생활을 할 수 있을지, 고 부장과의 관계가 이전처럼 회복될 수 있을지 궁리를 거듭했으나 막막하기만 했다.

'찾아가서 잘못했다고 용서해달라고 해볼까?'

'아냐, 무조건 잘못했다고 할 수는 없지. 저한테 왜 그러시는 거냐고 여쭤볼까?'

명랑하고 쾌활했던 나억울 씨는 회사 안에서 갈수록 말수가 줄어들고 의기소침해져만 갔다.

상사의 의도적인 침묵에
속수무책으로 당해야 할까

나억울 씨에 대한 고 부장의 이 같은 의도적인 침묵을

'Silent Treatmemt'라고 한다. 사전적 의미는 경멸, 반대, 거절 등을 나타내는 '묵살' 혹은 '무시'를 말한다. 직접 화를 내거나 대놓고 따지기라도 하면 속이 후련할 텐데, 말을 안 하고 피하면서 없는 사람 취급하니 당하는 사람으로서는 더 기분이 나쁘고 골치가 아프다. 그렇다고 왜 그러냐면서 싸우자는 식으로 덤벼들 수도 없다.

의도적인 침묵에 속수무책 당해야 하는 사람에게는 두 가지 심리적 증상이 따라온다.

첫째는 내가 할 수 있는 게 아무것도 없다는 심한 무기력감을 느끼는 것이다.

둘째는 내가 뭘 잘못했는지를 계속 찾으면서 마치 죄인이 된 듯한 느낌을 품는 것이다.

이에 따라 나억울 씨 같은 경우, 고 부장의 맺힌 감정을 풀어주기 위해 시도 때도 없이 눈치를 살피면서 다양한 노력을 기울이게 된다. 다행히 노력의 대가로 고 부장의 마음이 풀려 관계가 회복된다면 안도감을 느낀 후 다시는 이런 상황이 재현되지 않도록 더 애를 쓰면서 눈치를 보기에 이른다. 의도적인 침묵을 행사한 사람에게 당한 사람이 점점 예속되는 결과가 초래되는 것이다.

이렇게 의도적인 침묵을 행사하는 사람의 심리적 상태는 어떨까? 이러한 침묵에는 상대방을 더욱 강하게 통제하려는 의도가 담겨 있다. 침묵을 통해 무언의 메시지를 보냄으로써 자신이 상대방보다 훨씬 우위에 있음을 확인하고 이를 확고히 하려는 의도가 숨겨져 있는 것이다. 상대방을 존중하거나 정상적 의사소통을 중시한다면 할 수 없는 행동이다.

이처럼 미성숙한 행동을 통해 관계를 유지하려는 사람은 주로 나르시시스트들이다. 나르시시스트는 나르시시즘 Narcissism에 빠진 사람을 일컫는다. 나르시시즘은 자신의 외모나 능력 등을 과신해 자기 자신이 뛰어나다고 믿거나 매사 자기중심적으로 생각하고 행동하는 것을 가리키는 정신분석학 용어다. 이들은 남보다 잘하는 점이 있으면 지나친 과시에 빠지고, 남보다 뒤처진 점이 있으면 심각한 자기비하에 빠진다. 다른 사람을 존중하거나 배려하는 마음이 없기에 협동이나 팀워크에 잘 적응하지 못한다. 이들에게 타인은 단지 자신의 우월감을 느끼기 위한 도구일 뿐이다.

나르시시스트에 빠진
상대를 대처하는 법

나르시시스트 상사로부터 의도적인 침묵을 당하게 되었을 때 어떻게 대처해야 할까?

첫째, 내가 잘못한 걸 찾아내려고 나의 내부요인에만 집중하는 것은 바람직하지 않다. 물론 나에게도 문제가 있을 수 있지만, 중요한 건 나의 외부요인, 즉 상대방에게 원인이 있을 수 있다는 걸 잊으면 안 된다. 문제를 발견하기 위해 나에게만 집중하면 자책이나 우울감에 빠질 수 있다.

둘째, 제삼자에게 평가를 받아보는 것도 좋다. 과연 내 잘못인지 상대방 잘못인지를 객관적으로 파악하는 것이다. 위 사례에서 과거 고 부장 때문에 회사를 그만둔 직원들이 있다는 것만 봐도 나억울 씨에게 원인이 있는 게 아니라, 고 부장에게 원인이 있다는 걸 확인할 수 있다.

셋째, 그렇다 하더라도 의도적인 침묵을 행사하는 상사를 바꿀 수는 없다. 그의 성격을 개조한다거나 나르시시즘에서 벗어날 수 있도록 돕는다거나 그를 다른 부서로 옮기도록 하는 건 불가능에 가까운 일이다. 바꿀 수 없다면 그는 본래 그런 사람이라고 인정하고 대할 수밖에 없다.

넷째, 그의 마음을 얻기 위해 선물을 사준다거나 무턱대고 용서를 구하는 건 좋은 태도가 아니다. 이럴 경우, 두 사람의 수직관계는 더 강화된다. 이후로는 더 작은 일에도 공격받게 될 가능성이 크다. 그의 감정을 풀어주는 게 내 업무가 아니다. 그의 남은 감정은 그가 풀어야 할 과제다.

다섯째, 내 감정을 살피고 어루만져줘야 한다. 상사의 감정에 집중하느라 자신의 감정에는 신경 쓰지 못하는 경우가 대부분이다. 원인을 내게서 찾으며 타인의 감정을 살필 게 아

나를 지키는 심리학

니라 원인이 타인에게 있다는 것을 인지하고 내 감정을 보살 피는 게 우선이다. 상처받은 건 그가 아니라 '나'다.

기회가 되면 동료들끼리 술 한잔 마시면서 나르시시스트 상사 욕을 실컷 하는 것도 스트레스를 푸는 좋은 방법이다. 방 안이 탁해지면 창문을 열어 실내 공기를 밖으로 빼내야 신선한 공기가 안으로 들어오는 것처럼, 탁해진 내 마음을 주변에 털어놓으며 환기Ventilation 시킬 필요가 있다. 주변 동료 중 나와 비슷한 감정을 느끼는 이가 분명 있을 것이다. 이 감정을 나만 느끼는 감정이 아니라는 사실을 알게 되는 것만으로도 마음이 편해질 수 있다.

물론 나르시시스트에게 미움받지 않고 오히려 인정받는 사람들도 있다. 이런 사람 중에는 착취 관계에 익숙하고 자기 희생적인 사람이 많다. 나르시시스트들의 덫에 갇힌 이들을 부러워할 필요는 없다. 누군가의 노예가 되려 회사에 들어간 사람은 아무도 없다. 미움받는 자신이 정상이라는 사실을 잊지 말아야 한다.

그를 위해 일하지 말라. 회사 밖을 나서는 순간, 그는 길거리의 수많은 아저씨 혹은 아줌마 중 하나일 뿐이다.

상처만 주는 그와의 관계를
끊을 수가 없어요

위험한 사랑

항상 밝은 표정으로 들어오는 환자가 있었다. 올 때마다 한 주 동안 살면서 자신에게 좋아진 부분에 대해 상세히 이야기해 주는, 그야말로 의사를 흐뭇하게 만들어주는 환자였다.

그녀는 회사에서 분위기를 주도하는 무드 메이커 역할을 했다. 상사들에게는 무슨 일이든 믿고 맡길 수 있는 직원이었고, 후배들에게는 편하게 의지할 수 있는 버팀목 같은 선배였으며, 동료들 사이에서는 듬직한 의리파 친구였다.

어떤 모임이든 그녀는 모임장을 맡곤 했다. 모이는 날짜와 장소를 정하고, 회비를 걷어서 비용을 지출하는 등 온갖 궂은

나를 지키는 심리학

일을 도맡아 하는 자리였기에 아무도 하려 하지 않았기 때문이다. 그녀는 그런 스타일이었다. 매사 주도적으로 일을 처리하고, 누구도 나서지 않으면 으레 자신이 앞장서 해결함으로써 문제를 깔끔히 정리해야 직성이 풀렸다. 한마디로 핵인싸 같은 사람이었다.

고민이라곤 있을 것 같지 않은 그녀가 정신과 전문의를 찾아온 건 남자친구 때문이었다. 남자친구와의 관계가 힘들고 어렵다는 것이었다. 남자친구를 만나는 건 좋은데, 자신의 마음이 활짝 열리지 않아 답답하다고 했다. 몇 차례 상담 끝에 그녀는 속내를 털어놓았다.

"사실은…… 남자친구가 계속해서 성관계를 요구해요. 마음이 내키지 않아도 거절하면 남자친구가 싫어할까 봐 어쩔 수 없이 응하곤 하죠. 남자친구에게 억지로 끌려다니는 것 같아 마음이 편하지 않아요. 이런 관계가 이어지다 보니 그 친구 생각만 하면 혼란스러워요."

고민의 핵심은 여기에 있었다. 분위기를 주도하면서 모든 일에 솔선수범하는 그녀로서는 자기로 인해 남자친구 기분을 망치고, 둘 사이의 관계를 틀어지게 하고 싶지 않은 것이었다. 그 문제만 제외하면 나머지는 대체로 무난했기에 자기만 참고 넘어가면 된다고 생각한 것이다. 잘 맞는 부분은 그냥 유지하고, 잘 맞지 않는 부분은 자신이 맞춰주면 되는 거였다.

사랑한다고 해서
상처를 허락해선 안 된다

이 두 사람의 관계는 건강한 연인 관계일까? 핵인싸 씨의 고민은 어떻게 해결해야 할까? 상담 치료를 진행한 결과 핵인싸 씨 고민의 근원은 아주 어린 시절까지 거슬러 올라갔다.

어렸을 때 그녀는 엄마로부터 무조건적 사랑을 받으며 자라지 못했다. 무릇 아이들에게는 엄마의 무조건적 사랑이 필요하다. 엄마의 무조건적 사랑이 '나는 존재만으로 사랑받을 수 있는 사람이야'라는 확신이 생기게 하기 때문이다. 내가 엄마로부터 전폭적인 사랑을 받으며 살고 있다는 느낌, 이게 바로 성장을 위한 자양분이다. 이렇게 자란 사람이 자신을 사랑하고 가족을 사랑하고 이웃을 사랑할 줄 아는 어른이 되는 것이다.

그런데 핵인싸 씨의 엄마는 그렇지 않았다. 엄마는 언제나 바빴다. 학교에서 집으로 돌아와도 엄마는 늘 집에 없었다. 어쩌다 집에 있는 날에도 피곤하다며 휴식을 취할 때가 많았다. 지쳐 있는 엄마를 붙들고 나랑 놀아달라며 졸라댈 수는 없었다. 엄마를 보면 아무 생각 없이 달려가 안겨야 할 나이에 눈치를 보며 표정부터 살피게 된 것이다.

'나는 사랑스러운 아이가 아닌가 봐. 내가 어떻게 하면 엄마한테 사랑받을 수 있을까?'

그녀는 이런 고민을 하며 자랐다. 아무것도 하지 않아도 엄마로부터 무조건적 사랑을 받는 아이가 아니라, 엄마에게 사랑받기 위해 무엇을 해야 좋을지를 끊임없이 생각해야 하는 아이가 된 것이다. 오랜 생각 끝에 그녀가 내린 결론은 이런 거였다.

'엄마를 기쁘게 하면 날 사랑해주겠지.'

무조건적 사랑을 받지 못한 그녀는 조건적 사랑을 선택했다. 뭔가를 해주면 사랑을 받고, 아무것도 하지 않으면 사랑을 받지 못하는 그녀만의 사랑 방정식이 확립된 것이다.

그녀는 그렇게 성장했고 어른이 되었다. 그녀는 사람을 만날 때마다 내가 잘해야 저 사람에게 사랑받을 수 있다고 생각했다. 뭐든지 잘하려고 애썼고, 적극적으로 앞장서게 되었으며, 먼저 챙겨주려고 노력했다. 당연히 주변 사람 모두 그녀를 좋아했다. 그녀는 핵인싸가 되었다.

그렇게 살다 보니 가끔 이상한 일이 생길 때도 있었다. 그녀가 별로 잘해준 것도 없는데, 누군가 먼저 그녀에게 잘해주거나 친절을 베풀면 무척 부담스럽고 불편했다.

'나한테 왜 이러는 거지?'

'혹시 무슨 저의가 있는 건 아닐까?'

'나도 받은 만큼 빨리 되돌려줘야 하는데……'

이런 생각을 하게 된 것이다. 그녀에게 무조건적 사랑이란 있을 수 없는 일이었다.

사랑하는 사람일수록, 아끼는 마음이 클수록 그 관계를 유지하기 위해 내가 더 잘해줘야 한다는 강박관념이 끝도 없이 커지기 때문이었다. 남자친구가 성관계를 요구할 때 자신이 원치 않는 상황임에도 불구하고, 그런 문제에 있어서까지 상대방 요구를 다 들어줘야 한다고 생각한 것이 그녀가 가진 문제의 본질이었다.

위험한 사랑에 빠진 사람들이
흔히 하기 쉬운 착각

핵인싸 씨의 사랑은 매우 위험한 사랑이라고 할 수 있다. 그렇지만 그녀는 주변 사람들로부터 인정받고 사랑받으며 살고 있기에 자신의 조건적 사랑 방정식이 옳지 않다는 사실을 인정하기가 어려웠다. 지금의 인기가 자신의 노력으로 얻은 것이기에 더욱 그랬다. 자신이 조건적 사랑을 하고 있다는 사실을 스스로 인정할 수 있게 하는 과정이 순탄치 않았다.

맨 먼저 핵인싸 씨의 인간관계를 패턴으로 정리해보도록 했다. 가족, 회사 직원들, 친구들 그리고 남자친구에 이르기까지 주변 사람들과의 관계를 도식화한 것이다. 그걸 한눈에 들여다보니 역시나 자신의 인간관계가 주변으로부터 사랑이나 인정을 받기 위해 스스로 헌신하는 관계라는 것을 확인할 수 있었다.

그다음 단계로 감정이입을 통해 자기 자신이 어떤 사람인지를 깊이 들여다보도록 했다. 그녀는 어렸을 때부터 자신의 감정에 충실하기보다는 엄마에게 잘 보이기 위해 살아온 까닭에 자기가 뭘 좋아하고 싫어하는지, 무엇을 사랑하고 어떤 것에 행복을 느끼는지 구체적으로 생각해 볼 기회가 거의 없었다. 그런 것에 대해 충분히 생각할 시간을 가진 것이다.

끝으로 감정 일기를 적어보도록 했다. 하루 중 자신이 강렬하게 느꼈던 감정, 그런 감정을 느끼게 된 상황, 나중에 내 딸이 나 같은 처지에 놓인다면 해줄 수 있는 조언들, 내가 가장 사랑하는 사람에게 해줄 수 있는 일들. 이런 자신만의 솔직한 감정들을 일기 형식으로 노트에 기록해 보는 것이다. 그러면 자신의 감정을 드러내는 게 좀 더 수월해질 수 있다.

치료를 진행하면서 그녀는 고민의 대상이던 남자친구와 헤어졌다. 그 남자친구가 아니더라도 자신을 무조건 사랑해줄 누군가를 만날 수 있다는 희망을 품게 된 것이다. 아무것도 주고받는 게 없더라도 얼마든지 사랑하고 사랑받을 수 있다는 가능성을 발견한 것이다. 자신이 이 세상에 사랑받기 위해 태어난 존재라는 것을 확인한 것이다. 진정한 핵인싸는 다른 어떤 사람보다 자기 자신을 먼저 사랑하는 사람이라는 평범한 사실을 깨닫게 된 것이다.

착한 아이 콤플렉스부터 착한 사람 증후군까지, 핵인싸 씨와 같은 사람들은 타인의 감정이나 욕구보다 자신의 감정이나 욕구를 우선시하는 걸 죄악처럼 여긴다.

때로는 자신의 감정이나 욕구를 우선시하는 것을 이기적인 행동이라 단정 짓는다. 타인을 위해 내 감정이나 욕구를 억누를 때, 과연 이러한 행동이 이타적인 것이 맞는지 상대방으로부터 사랑받지 못하는 데 대한 두려움은 아닌지 그리고 핵인싸 씨처럼 내가 부모로부터 조건적인 사랑을 경험한 것은 아닌지에 대해 진지하게 고민해봐야 한다.

나를 지키는 심리학

일만 잘하면 되지,
사람들과 어울려야 하나요? _____
굳게 닫힌 마음의 문

　　나홀로 씨는 무난하게 회사생활을 하고 있다. 꼼꼼하게 업무를 처리하는 타입이라 일과 관련해서 어려움을 겪는 사례도 없다. 중요한 회의에서 프레젠테이션할 때도 떨지 않고 늘 당당하며, 자기주장도 분명하다. 상사들 사이에서 일 잘하는 직원으로 평가가 좋은 편이다.

　　그런데 그에게는 남다른 고충이 하나 있다. 사람들과 어울리는 게 힘든 것이다. 어느 직원과도 진솔하게 사적인 대화를 나눠 본 적이 없다. 그가 자신의 속내를 털어놓을 상대도 없을뿐더러 그에게 자신의 속내를 털어놓는 직원도 없다. 식사 자리가 제일 불편하다. 구내식당에서 점심을 먹을 때는 혼자서 조용히 먹으면 그만이지만, 퇴근 후 회식이라도 할라치면 이만저만 거북스러운 게 아니다. 술이 한 잔 두 잔 이어지다 보면 사적인 대화가 오가게 마련이다. 연애 이야기, 집안 이야기, 자녀 이야기는 빠지지 않고 등장하는 단골 메뉴다. 자기 이야기는 한마디도 안 하면서 묵묵히 술과 안주만 축내는 자신을 다른 사람들이 어떻게 생각할까 고민되지만, 이렇다 할 해결 방법이 없다. 사적인 대화에 끼어들기 싫은 것이다.

'직장 생활이란 게 대체 뭘까? 일만 잘하면 되는 거 아닌가?'

'아니지. 사람들하고 잘 어울려야 협력도 되고 협조도 얻는 법이지.'

생각해 보니 학교 동기 중에서도 딱히 친하다고 할 만한 얼굴이 떠오르지 않는다. 졸업 후 계속 연락을 주고받는 친구 역시 없다. 그러고 보니 학창 시절 동급생들로부터 로봇 같다는 이야기를 종종 들었던 기억이 난다. 스스로 사회성이 떨어지고 감정이 메마른 사람이라고 자책하게 된 나홀로 씨는 고민 끝에 정신건강의학과를 찾아 진료를 받기에 이르렀다.

감정을 느끼지 못하는
사람은 없다

우리 주변에는 의외로 나홀로 씨 같은 사람이 많다. 주어진 일은 정확하게 처리하지만, 다른 사람들에게 자신의 감정

나를 지키는 심리학

을 솔직히 드러내는 데는 서툴고 미숙한 것이다. 왜 그럴까?

두려움 때문이다. 내 감정을 있는 그대로 내보였을 때 상대방에게 수용되지 못할 것 같다는 두려움이다. 고스란히 속내를 들켜 버림으로써 수치심만 느끼게 될 뿐, 어떤 공감도 얻지 못하게 될 거라는 괜한 두려움 때문에 스스로 마음의 문을 꼭꼭 걸어 잠그게 된다.

이런 사람들의 공통점은 어렸을 때 엄격한 부모 밑에서 자랐다는 것이다.

"그렇게 나약한 소리만 하면 사람들에게 얕잡아 보인단 말이야."

"변명은 필요 없어. 뭐든지 제대로 하는 게 중요한 거야."

자신의 감정을 제대로 표현할 기회를 주지 않고, 이성적으로 판단해서 더 나은 결과만을 만들어내도록 교육받으며 성장한 사람의 경우, 감정 표현에 서툰 어른이 될 가능성이 크다. 부모가 아이의 감정적 욕구가 무엇인지 관찰해서 이에 반응하는 게 아니라 자신들의 관점에서만 판단하고 가르치면 아이는 점점 자기의 감정적 욕구를 표현하지 못하는 사람으로 자라난다. 대인관계에서도 좀처럼 감정을 드러내지 않는 까닭에 사람을 깊이 사귀기가 어렵다.

이는 외로움으로 향하는 직행열차를 탄 것과 같다. 주변에 마음을 나눌 친구가 없고, 회사 안에서도 곁을 주지 않는 차

가운 사람이라는 평가를 받는다. 인간은 지금 느끼는 감정을 누구와도 공유할 수 없을 때 강한 외로움을 경험한다. 슬프고 괴로운 일이 있을 때 하소연하거나 같이 눈물 흘려 줄 사람이 없다는 게 얼마나 비참한 일인가. 시험에 합격하거나 어렵사리 승진했을 때 함께 기쁨을 나누고 환호할 사람이 없다는 게 얼마나 가슴 아픈 일인가.

내 진짜 감정을 찾아보는 연습

나홀로 씨처럼 회사 안에서 직원들과 어울리는 게 힘겨운 사람들은 자신의 감정을 솔직히 표현하는 훈련을 하는 게 좋다. 먼저 감정 일기를 써본다. 저녁 식사 후 혹은 잠자리에 들기 전 그날 있었던 일들을 적고, 당시 느꼈던 감정들을 기록한다. 하나의 상황에서 한 가지 감정만 생겨나는 게 아니므로 여러 가지 감정을 느낀 대로 다 쓴다. 최대한 많은 감정을 찾아내는 게 좋다. 그런 다음 왜 그때 그런 감정을 느끼게 되었는지를 곰곰이 생각해본다.

만약 감정을 떠올리기 어렵다면 하루 세 번씩 지금 느끼는 감정을 찾아보는 연습을 한다. 예를 들면 삼시 세끼 식사할 때나 오전, 오후, 저녁에 따로 시간을 내서 감정 찾기 연습을 하는 것이다. 감정 표현을 억제하다 보면 내가 무슨 감정을 느끼는지 알아채기도 전에 시간이 흘러 기억나지 않을 수 있다. 그때그때 느낀 걸 적다 보면 자기감정에 충실하게 된다.

스스로 자기감정을 확인해보고 자신이 느낀 감정의 정당성을 알게 되었다면, 이를 다른 사람에게 알리고 공감을 얻는 다음 단계로 넘어간다. 직접 얼굴을 대하고 감정을 표현하는 게 버거우면 다양한 SNS를 활용하는 것도 좋은 방법이다. 지금 내가 느낀 감정을 친구나 회사 동료 등에게 전달하는 것이다. 상대방으로부터 즉각적으로 공감의 메시지를 받는다면 효과는 대단히 크다. 자기 내면의 감정을 누군가와 교감한다는 것은 가슴 벅찬 일이다.

혹시 즉각적인 반응이 없거나 공감을 얻지 못했다 하더라도 실망할 필요는 없다. 누군가가 내 솔직한 감정을 알게 되었다는 사실만으로도 절반의 성공은 거둔 셈이다. 다른 사람에게 내 감정을 표현하는 행동을 했다는 사실이 중요하다. 타인과의 소통이 시작된 것이다.

내 감정을 SNS에 바로 올리는 게 부담스럽다면 다른 사람의 게시물에 댓글을 다는 것 또한 괜찮은 방법이다. 타인의 의견에 대해 댓글을 씀으로써 내 감정을 표현하는 것이다.

SNS를 통한 감정 표현에 익숙해졌다고 생각되면, 가까운 친구나 직장 동료를 직접 만나 자연스럽게 자신의 감정을 드러내도록 한다. 한 명 두 명 만나 감정을 나누다 보면 타인과 어울리고 교감하는 데 대해 거부감이나 부담감이 줄어들고 있는 자신을 발견할 것이다.

누구도 내 감정을 틀렸다고 말할 수 없다. 감정은 과거와 현재에 주어진 상황이 만들어내는 자연스러운 결과물이다. 내 감정은 내가 제일 잘 안다. 내 감정에 당당해질 때 스스로 당당해질 수 있다. 이러한 당당함이 주변의 인간관계를 더욱 자연스럽고 깊이 있게 만들어준다. 내 감정을 이해했을 때라야 비로소 상대방의 감정을 이해할 수 있는 능력이 생긴다.

회사에서 쌓인 화를
괜히 가족에게 풀어요

공격자와의 동일시

차 대리는 요즘 화를 내거나 짜증을 부리는 일이 많아졌다. 스스로 다혈질이라고 생각해본 적이 없는데, 최근 자신의 행동을 보면 감정 변화가 심하고 흥분을 참지 못하는 기질로 바뀐 게 아닌가 하는 생각이 든다. 왜 이럴까 고민할 필요도 없이 원인은 직속 상사인 정 과장 때문이다.

'도대체 나한테 왜 이렇게 모질게 대하는 거지?'

아무리 이해하려고 해도 차 대리는 정 과장을 이해할 수가 없다. 본래 업무도 아닌 일까지 너무 많은 일을 맡기는 데다 업무 지시를 한 지 하루도 지나지 않아 독촉과 채근이 이어진다. 입사 5년 차인 자신에게 마치 신입사원 대하듯 시시콜콜 잔소리하는 것도 어이없는 일이다. 예전만 해도 이 정도까지는 아니었다. 다소 깐깐하고 이기적인 면이 있었지만, 그럭저럭 무난하게 지냈다.

그런데 올해 들어서부터 사람이 완전히 달라졌다. 독하게 자신을 몰아붙이기 시작한 것이다. 승진 때문인 것 같았다. 입사 동기 중 차장 승진자가 나오기 시작하자 초조해진 게 분명했다. 차 대리가 일을 잘해 좋은 결과를 내야 자신의 실적이 올라가 승진에 유리하기 때문에 인정사정없이 자신을 몰아세우는 게 틀림없었다.

'그래도 그렇지 왜 하필이면 타깃이 나냐고?'

기진맥진한 몸으로 퇴근한 차 대리는 상냥하게 자신을 맞아주는 아내에게 돌연 짜증을 냈다.

"자기, 오늘도 고생 많았어. 밥 차려 줄 테니 어서 손 씻고 앉아."

"고생 하루 이틀 하나? 아, 피곤해. 좀 누워 있다가 먹을 테니 나중에 차려."

옷도 벗지 않은 채 소파에 쓰러져 눕는 차 대리 등 뒤로 아내의 싸늘한 시선이 느껴졌다.

차 대리는 집에만 들어오면 매사 짜증이 났고, 별것도 아닌 일에 버럭 화를 내기 일쑤였다.

그러지 않으려 해도 너무 예민해진 탓인지 집에 들어서는 순간부터 인상을 쓰곤 했다. 주말에는 대개 잠만 잤다. 평소 그렇게 예뻐하고 안아주며 입을 맞추던 세 살배기 아들이 응석을 부리며 올라타면 화를 내면서 뿌리치기도 했다. 아무리 아들이라도 잠을 방해하면 울화가 치밀었다.

"요즘 자기 왜 이러는 거야? 나나 아이한테나 시도 때도 없이 화를 내잖아?"

"피곤하니까 그렇지. 아, 진짜 짜증 나게 하네."

아내와 말다툼하다가 울컥해서 내뱉은 말을 듣고 차 대리는 깜짝 놀랐다. 자신을 그토록 힘들게 하면서 엄청난 스트레스를 주고 있는 정 과장의 말투를 자신이 따라 하고 있었기 때문이다.

"아, 진짜 짜증 나게 하네."

이것은 회사에 가기만 하면 정 과장에게 불려가 수시로 듣는 짜증 섞인 말투였다. 정말 끔찍하게 듣기 싫은 말이었는데, 자기가 집에 와서 아내와 아들에게 똑같은 말을 하고 있던 것이었다.

'정 과장 말투를 따라 하다니…… 정말 내가 심각한 상태구나.'

차 대리는 비로소 자신이 스트레스 때문에 성격과 기질이 바뀐 게 아닌가 하는 생각이 들었다.

미워하는 대상을
왜 따라 하게 되는 걸까

"애들 앞에서는 찬물도 못 마신다."

이런 속담이 있다. 아이들은 어른의 행동을 보고 무조건 따라 하니까 아이들 앞에서 뭘 할 때는 조심해야 한다는 말이다. 그렇지만 이는 꼭 아이들에게만 해당하는 말이 아니다. 어른도 다른 사람의 행동을 따라 할 수 있다. 군대에서 상급자에게 괴롭힘을 당했던 사람이 나중에 상급자가 되어 자신도 하급자에게 똑같은 방식으로 행동하는 경우가 많고, 시어머니에게 모진 시집살이를 했던 여성이 훗날 아들이 결혼한 뒤 자신의 며느리에게 더 험한 시집살이를 시키는 경우가 있다.

'나는 절대로 저러지 말아야지.'

이렇듯 굳게 다짐했건만, 어느새 내 말과 행동은 그리도 싫어하는 사람을 따라 하는 것이다.

특히 나에게 고통을 주고 나를 공격했던 사람의 행동을 따라 하기도 하는데, 이를 '공격자와의 동일시Identification with the Aggressor'라고 한다. 상대방의 행동 중에서도 나를 정말 힘들고 괴롭게 만드는 특징만을 따라 하는 것을 '적대적인 동일시Hostile Identification'라고 부른다.

내가 그토록 싫어하고 혐오하는 상대방의 말과 행동을 그대로 따라 하는 이유는 무엇일까?

나를 지키는 심리학

이는 나를 괴롭히고 공격하는 상대방의 행동을 모방함으로써 상대방에 대한 불안감을 줄이고 극복하기 위한 것이다. 복수하거나 도망칠 수 없는 상황이라면 똑같이 따라 함으로써 친숙해지는 방법을 택한 셈이다. 나도 모르게 미워하는 상사의 옷 스타일과 비슷한 옷을 입게 되고, 그가 좋아하는 음식을 좋아하는 등 무의식적으로 상대방의 행동을 모방하고 가까워지면서 미워하는 상사에 대한 분노를 줄여나간다.

또 다른 이유는 자신이 더 이상 피공격자가 아닌 공격자의 위치에 올라서기 위함이다. 피공격자의 위치에 있을 때 느껴지는 불안이나 두려움이나 분노의 감정을 상대방에게 흘려보내고, 자신은 이러한 감정으로부터 자유로워지기 위해 취하는 미성숙한 방어기제의 일환이다.

공격자와의
동일시에서 벗어나려면

공격자와의 동일시에서 벗어나려면 어떻게 하는 게 좋을까? 먼저 상대방에 대해 올바르게 인식하는 게 중요하다. 나를 공격하면서 괴롭고 힘들게 하는 상대방을 제대로 알아야 한다. 두려움과 불안감을 극복하기 위해 무조건 공격자와 동일시해 친근감을 느끼려 애쓰면서 '나도 다른 사람에게 그러는데, 저 사람도 그럴 수 있지'라고 합리화하는 것은 위험하다.

누군가를 미워하는 건 분명 쉽지 않은 일이다. 상대방이 무섭다고 느껴지는 존재일수록 미워하는 건 쉽지 않다. 하지만 그를 미워하지 않기 위해 과도하게 노력을 기울이는 것은 좋은 방법이 아니다. 그럴수록 공격자의 말과 행동을 이해하면서 '내가 잘못했으니 그런 거야. 그러니까 저래도 돼'라고 생각하며 자신이 당한 공격을 은연중에 정당화한다.

어린 시절 부모에게 많이 맞고 자란 사람 가운데 나중에 이런 식으로 이야기하는 사람이 있다.

"기억이 뚜렷하진 않지만, 지금 생각해봐도 그때 내가 맞을 짓을 하긴 한 것 같아."

세상에 맞을 짓이라는 건 없다. 누가 누구를 어떤 기준으로 판단해서 이건 맞을 짓이고 저건 맞을 짓이 아니라고 이야기할 수 있겠는가? 폭력은 어떤 이유로도 정당화되거나 합리화할 수 없다. 상대방이 아무리 힘이 센 존재라 하더라도 이런 식으로 그의 행동을 정당화해서는 안 된다.

정말 심각한 경우에는 공격자인 상대방을 이상화하기도 한다. 위 사례에서 차 대리는 정 과장에게 극심한 스트레스를 받으며 회사생활을 하면서도 정작 정 과장에게는 아무 항변이나 저항을 하지 못한 채 자신이 약해서 그런 거라 여기며 그의 행동을 정당화시키려 한다. 그러다가 언제부턴가 한없이 미웠던 정 과장이 자신이 닮아 가야 할 이상적 모델로 인식되기에 이른다. 나를 이렇게 막 대할 수 있는 사람이면 저 사람은 대단한 사람이라고 생각하는 것이다. 주변에서 정 과장을 다 '인쓰(인성이 쓰레기 같은 사람이라는 뜻의 비속어)'라 하는데도 그렇게 믿지 않는다.

그러나 그렇지 않다. 공격자가 피해자를 괴롭히는 건 내가 약하고 그가 강해서가 아니다. 상대방의 실체를 제대로 알고 파악해야 바르게 대처할 수 있다. 내가 문제가 아니라 그가 문제다.

우리는 누구나
공격자가 될 수 있다

회사에서 공격자로부터 괴롭힘을 당하는 피해자인 차 대리는 집에만 들어오면 아내와 아이를 괴롭히는 공격자로 돌변한다. 아내와 아이는 새로운 피해자다. 차 대리는 깊이 자문해야 한다.

'내가 과연 아내와 아이에게 이렇게 대해도 되나? 내가 당한 만큼 분풀이를 하는 건 아닌가?'

내 옆에 있는 가족은 내게 가장 소중한 사람들이다. 내가 당한 괴로움을 고스란히 이들에게 쏟아내는 건 어리석은 짓이다. 공격자에게 당한 괴로움과 스트레스가 얼마나 힘든 것인지 뼈저리게 느꼈다면 그것을 내 가장 소중한 가족에게 풀어서 해소한다는 게 얼마나 말이 안 되는 행동인지를 깨달을 수 있을 것이다. 내가 아프고 힘든 만큼 그동안 나 때문에 고통스러웠을 가족에게 사과하고 예전처럼 따뜻하게 품어줘야 한다. 나와 공격자는 전혀 다른 존재라는 걸 인식해야 한다.

사람은 누구나 공격자가 될 수도 있고, 피해자가 될 수도 있다. 내가 피해자인 것 같지만, 한편에서는 또 다른 공격자로 살아갈 수도 있다. 이런 양면성을 충분히 이해하면서 공격자와 자신을 동일시하지 않고, 자신이 다른 사람의 공격자가 되지 않도록 주의하며 사는 것이 삶의 지혜다.

《논어論語》에서 공자는 이런 말을 했다.

"자기가 하기 싫은 일을 남에게 하게 해서는 안 된다己所不欲勿施於人."

인간의 본성은 누구나 똑같다. 내가 좋은 건 남도 좋고, 내가 싫은 건 남도 싫다. 내가 하고 싶은 건 남도 하고 싶고, 내가 하기 싫은 건 남도 하기 싫다. 내가 들어서 기분 나쁜 말을 다른 사람에게 옮기는 건 옳은 일이 아니다. 내가 당해서 괴로운 일을 다른 사람에게 그대로 행하는 것은 바른 자세가 아니다.

나를 지키는 심리학

내가 본의 아니게 피해를 봤다면 그 피해가 다른 사람에게 흘러가지 않도록 내가 멈춰주자, 참아주자, 기다려주자. 이것이 성숙하고 교양 있는 사람의 태도일 것이다.

어쩌다 보니 상사의
감정 쓰레기통이 되었어요 _____

감정 통제와 조절

김꽃잎 씨는 사회 초년생이다. 회사에서는 신입사원, 팀 내에서는 막내로 불린다. 한창 혈기 왕성하게 일하면서 분위기를 생동감 있게 만들어야 할 재기발랄한 새내기다. 회사는 물론 일도 마음에 들고 월급이나 사원 복지도 동종 업계 최고 수준이라서 모든 면에서 만족하게 일하고 있다.

그런데 요즘 들어 김꽃잎 씨는 출근하는 게 두려워졌다. 입사 2년 차인 박 대리 때문이다.

"꽃잎아, 바빠?"

늘 이렇게 시작한다. 박 대리가 그녀 자리로 다가와 바쁘냐고 말을 붙이면 실제로 바쁘든 그렇지 않든 간에 일에서 손

떼고 자신과 수다 떨러 나가자는 이야기다. 여직원 휴게실이나 로비에 있는 커피숍이 주로 수다 장소로 이용되는 곳이고, 좀 길어질 때는 회사 밖 카페에 가기도 한다.

"말도 마. 요즘 내가 죽을 맛이라고. 왜 그런 줄 알아? 그게 다 허 과장 때문이지 뭐야."

넋두리는 대부분 이런 식으로 시작된다. 엄청난 일이 있는 것처럼 호들갑을 떨지만, 듣다 보면 사실상 별일이 아니다. 결국 자기 힘들다는 이야기다. 자신을 괴롭힌다는 상사 뒷담화에서부터 묻지도 않은 자기 가정사까지 사설의 소재는 무궁무진하다. 지치지도 않는 에너지가 감탄스럽다.

입사 초기에는 박 대리가 김꽃잎 씨를 좋아하지 않았다. 자기 스타일이 아니라고 생각했던 것 같다. 게다가 별것도 아닌 일로 공개적으로 그녀를 비난하고 저격하기까지 했다. 그래서 김꽃잎 씨는 박 대리 때문에 회사생활이 순탄치 않으리라 생각했고, 박 대리 앞에서는 매사 긴장하며 조심해야 했다. 그러다 우연히 사내 식당에서 같이 점심을 먹으면서 다른 사원 험담에 죽이 맞아 마음을 열게 되었다. 같은 스타일이라는 걸 확인한 박 대리는 이후 그녀에게 굉장히 잘해줬다.

'그래. 박 대리가 나를 싫어하지 않게 된 것만 해도 천만다행이야.'

그녀는 이렇게 마음먹었다. 원한다면 언제든 같이 수다는 떨어주겠지만, 그 이상 친해지기는 싫었다. 불가근불가원이라고나 할까. 박 대리가 적이 되지 않게끔 잘 관리하면서 지내려고 했다.

하지만 박 대리는 해도 해도 너무 했다. 김꽃잎 씨는 바쁘지 않을 때 휴게실이나 카페에서 유튜브를 보며 좀 쉬고 싶었고, 점심 식사 후에는 회사 옆 공원에서 산책도 하고 싶었다. 박 대리는 그럴 틈을 주지 않았다. 자기 급한 일을 끝내면 쪼르르 내 자리로 다가와 속삭였다.

"꽃잎아, 바빠?"

그녀는 모든 부서원이 다 들을 수 있도록 큰소리로 외치고 싶은 마음이었다.

"그래, 나 바쁘다. 좀 꺼져줄래?"

그러나 목소리는 입안에서만 맴돌 뿐 밖으로 나오지 않았다.

"네, 괜찮아요. 어디로 갈까요?"

"할 이야기가 많아. 요 앞에 근사한 카페가 새로 생겼던데 그리로 가자."

카페가 어떻게 생겼든, 커피 맛이 어떻든 상관없이 박 대리의 수다는 속사포처럼 이어졌다.

'아, 귀 아파. 도대체 이 넋두리를 언제까지 들어줘야 하는 거야. 정말 미칠 것 같아.'

박 대리는 쉴 새 없이 떠들었고, 김꽃잎 씨는 그녀의 말을 한 귀로 듣고 한 귀로 흘려보내느라 양쪽 귀를 완전히 개방해 놓아야만 했다.

누군가의 감정 쓰레기통이 되어버렸다면

박 대리는 김꽃잎 씨를 자신의 감정 쓰레기통으로 사용하고 있다. 감정 쓰레기통이란 타인을 자신의 감정을 배설하기 위한 도구로 사용하는 것을 가리키는 용어다.

시도 때도 없이 며느리에게 전화해서 자신의 날 선 감정을 여과 없이 털어놓는 시어머니가 있다. 며느리로서는 전화를 안 받을 수도 없고, 듣기 싫다고 도중에 끊을 수도 없다. 이럴 때 며느리는 시어머니의 감정 쓰레기통 역할을 하는 셈이다. 그렇다고 이런 사실을 남편에게 하소연할 수도 없다. 십중팔구 남편은 아내를 인내심 없는 여자, 불효막심한 며느리로 몰아붙일 게 뻔하다. 친구 중에도 힘든 일이 있을 때마다 전화를 걸어 미주알고주알 늘어놓는 사람이 있다. 자기 남편한테도 할 수 없는 말을 밤중에 친구에게 해대는 심사가 무엇인지 알 수 없다. 상대방을 감정 쓰레기통으로 여기는 것이다.

쓰레기통이 된 입장에서는 상대방이 격하게 쏟아버리는 감정을 거부하거나 되돌려줄 방법이 없다고 생각한다. 그랬다가는 두 사람 관계에 금이 갈 것이기 때문이다. 무력감을 느끼기도 하지만, 도리가 없다. 잘못한 것도 없으면서 매번 쓰레기통 신세가 되어야 하는 스스로가 밉기도 하다.

보통 감정 쓰레기통이 되는 대상은 상대방이 죽도록 미우면서도 오히려 그가 나를 미워할까 봐 불안해한다. 둘 사이의 관계에 있어 상대방이 우월한 위치에 있는 까닭이다. 직장 상사나 손윗사람 혹은 집안 어른에겐 대놓고 싫은 기색을 하기 어렵다. 그렇다고 상대방이 자신을 미워할까 봐 불안해하는 자신을 원망할 필요는 없다. 상대방도 그걸 아니까 나에게 감정을 배설하는 것이다.

한 번쯤 상대방의 분노를 제대로 받아본 경험이 있는 경우에 감정 쓰레기통이 되기 쉽다. 당시 자신이 얼마나 힘들었는지를 잘 알기에 다시 그 같은 상황이 올까 봐 노심초사할 수밖에 없다.

자신이 누군가의 감정 쓰레기통이 되는 걸 확실하게 거부할 수 있다면 제일 좋지만, 그게 여의치 않기에 고민이 된다. 정 거절할 수 없다면 적어도 내게 오는 감정적 손실을 최소화해야 한다.

**감정 쓰레기통으로부터
탈출하는 법**

첫 번째 해결책은 세팅하기다. 방해받지 않을 만한 안전장

치를 마련하는 것이다.

환자 중에서 간혹 내게 이렇게 질문하는 분들이 있다.

"선생님은 매일 수많은 환자의 고민을 들어야 하는데, 힘들지 않으세요?"

겉으로 보기에는 힘들 수밖에 없다. 그러나 나는 환자들과의 면담 시간과 장소가 일정하게 정해져 있기에 그 시간 동안 환자에게 온전히 집중하고 나면 또 다른 일에 얼마든지 집중할 수가 있다. 시간과 장소가 분명히 정해져 있으면 상대방의 감정을 소화해 낼 수 있는 여력이 생긴다.

"대리님, 30분 뒤에 여직원 휴게실에서 이야기 나눠도 괜찮을까요?"

박 대리의 요청이 있을 때 김꽃잎 씨가 기다렸다는 듯 즉각 응하지 말고, 이렇게 특정 시간과 장소를 정해서 응하는 게 좋다. 수다는 박 대리가 떨더라도 그 기회는 김꽃잎 씨가 주는 것이다.

대부분 감정 다루기가 그렇듯이 통제하고 조절하는 일이 가능해야 한다. 상대방이 원할 때 무조건 들어주는 게 아니라 원하더라도 내가 가능한 시간과 장소에 맞춰 들어주는 것이다. 이는 거절이 아니다. 대안을 제시하는 것이다. 그런데도 상대방이 받아들이지 못하면 어쩔 수 없다. 대인관계는 일방관계가 아니라 쌍방관계다. 그 정도는 상대방으로서도 받아들여야 한다는 말이다.

두 번째 해결책은 거짓으로 감정을 표현하지 않기다. 상대방을 위한 것이라기보다는 나를 위한 것이다. 불필요한 에너지를 쓰지 않기 위함이다. 그러면서 대화에 집중하면 듣는 게 편해질 수도 있다.

대화에 집중하는 방법은 장면을 구체적으로 물어보고 눈에서 그림이 그려지듯이 하는 게 좋다. 이렇게 하면 당시 느꼈던 상대방의 감정이 이해된다. 이게 바로 공감이다. 공감은 '나라도 그랬겠다'가 아닌 상대방의 상황에서 상대방의 감정을 이해하는 것이다. 결국 상대방이 듣고 싶은 반응을 궁금해하는 것보다 상대방이 당시에 느꼈던 감정을 궁금해하는 게 더 많은 도움이 된다.

물론 상대방이 공감해주고 싶지 않은 대상일 수도 있다. 한 번 공감해주면 계속해서 자신을 상대로 이야기를 이어갈까 봐 염려돼서일 수도 있지만, 그냥 상대방이 싫은 것일 수도 있다. 만약 후자라면 고민해봐야 할 게 있다. 그 사람이 나한테 계속 감정을 배설해서가 아니라 내가 그 사람을 다른 원인 때문에 싫어하는 것일 수도 있기 때문이다. 내가 상대방의 감정 쓰레기통이 되었다고 느끼는 것이 실은 상대방이 의도한 게 아니라 내가 혼자 그렇게 느끼는 것일지도 모른다.

위 사연에서는 입사 초기에 박 대리가 김꽃잎 씨를 그렇게 미워하지만 않았더라면, 이후 그녀의 긴긴 수다를 들으면서 자신이 감정 쓰레기통이라는 느낌을 가지지 않을 수도 있었을 것이다.

나의 감정과 상대방의 감정을 분리하기

마지막으로 상대방이 나에게 감정을 배설한 뒤 그대로 끝나버리지 않도록 정리하는 기술도 필요하다.

"정말 화가 많이 나셨겠어요."

이야기를 듣다 보면 상대방이 느끼는 감정이 나에게 전달되어 마치 내 감정인 것처럼 오해하게 되는 경우가 있다. 내가 느낀 상대방의 감정을 알려주어 내가 그의 감정을 대신 느끼지 않고 내 감정과 상대방의 감정을 분리하도록 해야 한다. 이러한 과정이 상대방에게는 타인이 내 감정을 알아주는 느낌이 들도록 만들어준다.

자신의 감정을 처리하기 위해 타인을 도구로 이용한다는 것은 매우 착취적이고, 이는 수직적인 관계에서나 가능한 일이다. 내가 타인에게 이용당한다는 느낌이 든다면 무조건 그 관계에서 벗어나야 한다.

하지만 상대방의 대화 전달 방식이 문제가 있거나 과거의 경험으로 인한 상대방에 대한 선입견으로 인해 상대방의 의도와는 다르게 내가 감정 쓰레기통이 되었을 수도 있다. 이런 경우 앞서 이야기한 전략들로 수평적인 대화방식을 얼마든지 만들어 갈 수 있다. 그리고 이러한 대화들이 결국 상대방과 나의 관계를 더욱 건강하고 성숙한 관계로 발전시킬 것이다.

가는 곳마다 나를 화나게 하는 사람이 꼭 있어요

분노 다스리기

백화나 과장은 지난해 이직을 했다. 익숙한 것과 결별한다는 것은 쉬운 일이 아니다. 몸에 익은 출퇴근길, 손에 익은 업무들, 눈에 밟히는 사람들, 뒤돌아서기 허전한 마음…….

그렇지만 이 모든 걸 포기하고 새로운 일터를 찾아 나설 때는 그만한 이유가 있는 법이다. 도저히 함께 일할 수 없는 사람이 있었다. 업무상 협조가 이루어지지 않으면 안 되는 옆 부서 팀장과의 오랜 갈등 때문이었다. 도무지 말이 통하지 않았다. 사정도 해보고 자존심 꺾고 굽히고 들어간 적도 있지만, 매번 커다란 벽을 느껴야만 했다. 고민을 거듭한 끝에 그녀는 결국 회사를 옮겨야겠다고 결심했다.

그런데 이직한 회사에서도 문제가 생겼다. 최 차장 때문이다. 직속 상사인 그는 은근히 자신을 무시했다. 최근에는 다른 직원들 앞에서 공개적으로 백 과장에게 망신을 주기도 했다. 조용히 불러서 말하거나 전화나 문자로 이야기해도 충분한 일을 가지고 꼭 대놓고 떠벌려 사람을 무안하게 만든다. 여자라고 자신을 업신여기거나 확실하게 눌러서 슬슬 기게 만들려는 수작처럼 보였다.

"도대체 번번이 왜 이러시는 거예요? 참는 데도 한계가 있다고요. 제발 그만 좀 하세요!"

마침내 오늘 폭발하고야 말았다. 별것 아닌 일로 짜증 내는 최 차장에게 백 과장이 버럭 소리를 지르며 대항했고, 자리에 엎드려 울음을 터뜨린 것이다. 팀 분위기는 순식간에 얼음이 되었다.

그날 백 과장은 바로 부서 이동을 신청했다. 최 차장을 만나지 않고도 일할 수 있는 다른 부서로 옮겨달라고 회사에 정식 요청한 것이다. 이직한 지 얼마 되지 않아서 다른 직원과 마찰을 일으켜 부서 이동을 희망한다는 것은 분명 마이너스 요인이다. 회사에서 자신을 좋게 볼 리 없다.

하지만 이대로 참고 지낼 수는 없었다. 좋지 않은 평판이 생기고, 불이익을 당하는 한이 있더라도 자신을 함부로 건드

나를 지키는 심리학

리거나 방해하지 않는 곳에서 제대로 한번 편안하게 일해보고 싶었다.

'나는 왜 이렇게 가는 곳마다 이상한 사람을 만나 괴로운 걸까?'

눈을 감고 지난날을 찬찬히 돌이켜봤다. 어딜 가든 자신을 화나게 만드는 사람이 있었다. 중고등학생 시절에도 바뀌는 반마다 이상하게 마음이 안 맞아 티격태격하는 친구들이 있었고, 대학생 때도 매사 의견이 맞지 않아 불협화음을 내던 친구들이 있었다. 그런 친구와는 인사조차 나누지 않고 졸업할 때까지 서먹서먹하게 지내곤 했다. 학교 친구니까 그러려니 했다. 사회에 나가 직장 생활을 하면 조직 문화가 있고 위계질서가 있으니 다르리라 생각했다. 잘 적응하고 어울려 멋진 성취를 얻고 싶었다. 노력도 많이 했다. 그러나 번번이 가는 회사마다, 옮겨간 부서마다 자신을 화나게 만드는 사람이 있다는 사실이 절망스러웠다. 앞으로 어떻게 회사생활을 해야 할지 막막했다.

분노는 반드시
필요한 감정이다

이런 고민을 하는 직장인들이 의외로 많다. 가끔은 자신을 화나게 만드는 사람에게 잘 지내는 모습을 보여주기 위해 유독 열심히 하기도 한다. 그러다가도 문득 이런 분노가 내 힘의 원천인가 하는 생각이 들 때도 있다. 분노, 반성, 열심 또 분노, 반성, 열심…… 이런 생활의 반복 때문에 스트레스가 점점 쌓여간다. 왜 이러는 걸까? 어디에 문제가 있는 걸까? 어떻게 풀어가야 할까?

분노는 필요한 감정이다. 대개는 상대방이 나를 침해할 때 우리는 분노를 느낀다. 만약 분노를 느끼지 않는다면 타인으로부터 나를 지키기가 어렵다. 내 감정, 신체, 재산 등을 지키기 위해서는 분노를 느껴야 한다.

간혹 분노를 무조건 나쁜 것으로 여겨 화를 표현하지 않으려 하거나 화를 내지 않기 위해 애쓰는 경우가 있는데, 이는 바람직하지 않다. 화를 너무 억압하면 한꺼번에 폭발하는 상황이 생기기도 하고, 신체 증상으로 나타나기도 하며, 관계의 방향이 틀어지기도 한다.

화를 느끼지 않으려면 결국 상대방을 피하는 방법밖에 없다. 화를 느끼고 싶지 않다는 건 다른 말로 하면 상대방을 보고 싶지 않다는 이야기다. 화를 느끼지 않으려고 사람을 피하고 관계를 단절시킬 수는 없다.

화라는 감정은 뜨거운 감정이라서 내 마음에 오래도록 쥐고 있기 힘들다. 그래서 바로 상대방을 향해 던져버리기가 쉽다. 하지만 내 감정과 행동에 대한 책임은 온전히 나의 몫이다. 미성숙한 방법으로 표출했다가는 나에게 피해가 올 수 있다는 뜻이다. 뿐만 아니라 상대방과 큰 다툼으로 이어질 위험도 있다.

나도 모르게 화가 치솟을 때
대처하는 방법

그렇다면 화가 났을 때 이를 어떻게 표출하는 것이 성숙한 태도일까?

먼저 글로 써보는 게 좋다. 화가 났을 때 느꼈던 감정과 생각 그리고 지금 느끼는 내용까지 글로 표현하는 것이다. 상대방에게 하고 싶은 말도 적는다. 나만 보는 거니까 거침없이 써 내려가도 괜찮다. 이를 통해 내 안에 있는 화를 확인하는 것이다. 화를 억압하지 않는 게 가장 중요하다.

다음은 상황을 명확하게 이해하는 것이다. 단순히 저 사람이 나를 화나게 했다는 식의 해석이 아니라, 저 사람의 어떤 행동이 나를 화나게 만든 것인지를 분석해야 한다.

"최 차장 때문에 화가 났어."

상황에 대한 이런 묘사를 다음과 같이 분석해내는 것이다.

"최 차장이 사람들 앞에서 나를 비난했어. 나한테 뭐라고 할 수는 있지만, 다른 사람들 앞에서까지 그럴 건 없잖아? 이직한 지 1년도 채 되지 않았는데 말이야. 안 그래도 다른 직원들이 나를 곱지 않은 시선으로 보는 거 같아 신경 쓰였는데, 이 일로 은근히 나를 더 무시하지 않을까?"

세 번째는 분노하는 대상과의 관계를 명확하게 이해해보는 것이다. 원래 사이가 안 좋아서 더 화가 나는 건 아닌지 자세히 살펴본다. 다시 말해서 과거에 있었던 분노가 함께 느껴지는 건 아닌지 혹은 과거 비슷한 관계에서 느꼈던 화가 느껴지는 건 아닌지를 되돌아보는 것이다. 자칫하면 종로에서 뺨 맞고 한강에서 눈 흘기는 격이 될 수도 있기에 이런 관계를 들여다봐야 한다.

이런 접근을 통해 감정을 수동적으로 느끼는 게 아니라 능동적으로 느끼고 해석하려 해야 한다. 상대방에게 효과적으로 전달하려면 내 분노를 내가 먼저 이해할 수 있어야 한다는 말이다. 그런 다음 자신의 감정을 상대방에게 온전히 전달한다. 화에 휘둘려서 있는 감정을 그대로 표출하는 것이 아니고, 자신의 화를 정확히 느끼고 해석해서 상대방에게 제대로 들려주는 것이다.

"너 때문에 화났어. 네 잘못이야!"

이것은 감정을 정확하게 전달하는 게 아니다. 상대방의 잘못을 지적하는 메시지는 상대방을 방어적으로 만들 수 있고, 내 의견에 대해 반박할 수 있게 한다.

"네 이러한 행동이 나에게 이렇게 느껴져서 내가 화가 났어."

이처럼 분명한 언어로 자신의 감정을 전달해야 한다.

나를 지키는 심리학

상대방의 의도는 잘 모른다는 걸 언급하는 것도 소통에 도움이 된다. 실제로 상대방의 의도를 내가 100퍼센트 알 수는 없고, 또 이렇게 하면 상대방이 스스로 돌아보게 하는 효과도 있다. 화를 표출할 때도 목적을 명확히 하는 게 좋다. 내가 이 사람하고 싸우려는 것인지 아니면 앞으로 더 나은 미래를 위해 관계를 개선하려는 것인지 말이다. 이런 목적을 상대방에게 알리는 것도 괜찮다.

물론 상대방의 반응이 내 기대와 다를 수 있다. 내 감정이 내 것인 것처럼 상대방의 감정도 상대방의 것이다. 내가 좌지우지할 수 없다. 내가 내 감정을 처리하느라 시간을 가졌던 것처럼 상대방도 스스로 감정을 처리하고 언어로 표현할 수 있는 시간을 줘야 한다. 기다리는 것이다.

화를 느끼는 상황 자체는 대부분 수동적이다. 이 같은 상황이 내가 느끼는 감정을 수동적으로 만들기 쉽다. 그렇다 하더라도 내가 느낀 감정은 내 것이라는 데 유의해야 한다.

감정은 내 아이 같은 존재다. 미우나 좋으나 내 새끼다. 성장해서 내 손을 떠나면 그때부터 내 몫이 아니지만, 그전까지는 내 책임이다. 상대방에게 전달하기 전까지 내 감정을 잘 키워서 온전히 전달하고 나면 내 몫은 거기까지다. 이제는 상대방의 시간이다. 상대방이 추슬러서 반응할 감정을 차분히 기다려보자.

버릇없는 후배,
어디까지 참아줘야 하죠?

관계의 방향 바꾸기

고수직 대리는 요즘 골치가 아프다. 얼마 전에 입사한 문수평 사원 때문이다. 정말 오랜만에 신입사원이 들어와 떨릴 듯이 기뻤는데, 잠시뿐이었다. 일을 덜기는커녕 외려 스트레스까지 덤으로 안게 됐다. 영 배우려는 자세가 되어 있지 않은 것 같다. 아무리 이해하려 해도 이해되지 않는다.

"월별·분기별 통계 작성법에 대해 알려줄 테니까 시간 좀 내요. 언제가 좋아요?"

"아, 제가 과장님 지시로 작성해야 할 문서가 있어서요. 이번 주는 어려울 것 같은데요?"

뭘 좀 가르쳐주려고 시간 있냐고 물어보면 늘 이런 식으로 빠져나가거나 무시하기 일쑤다. 자기가 직속 상사인 고 대리에게 사정해서 일을 배워야 할 처지인데도 도리어 고 대리가 쫓아다니면서 사정해가며 일을 가르쳐야 할 형편이다. 위계질서는 물론 기본예절도 형편없다고 느껴진다.

지난주 부서 전체 회의 때 있었던 일을 생각하면 고 대리는 지금도 부아가 치민다.

"그건 그렇고, 요즘 뭐 불편한 거 없나? 문수평 씨는 좀 어때? 힘든 거 있나?"

"아, 예…… 다른 건 다 괜찮은데…… 업무량이 신입사원치고는 좀 많은 것 같고, 점심시간이 잘 지켜지지 않는 것 같아서 불편하기도 하고, 이것저것 심부름을 시키는 선배님들도 있고……."

회의 끝 무렵에 부장이 애로사항이 없는지 지나가는 말처럼 물은 걸 가지고 이때가 기회라는 듯 차곡차곡 쌓아두었던 불편한 점들을 미주알고주알 풀어놓는 게 아닌가. 문수평 사원의 이런 태도에 부서원 전체가 놀라는 분위기였다. 고 대리는 놀란 정도가 아니라 분노가 끓어 올랐다.

'아니, 내가 신입사원일 때는 저러지 않는데…… 직속 상사인 나를 어떻게 보고 감히…….'

고 대리는 출근길에 오늘은 문수평 사원을 어떻게 다뤄서 콧대를 꺾어놓을까를 궁리하고, 퇴근길에는 내일은 어떻게 하면 문수평 사원을 고분고분 말 잘 듣는 순한 양으로 만들까를 고민하느라 바빴다.

고 대리처럼 수직적인 관계에 익숙한 이들에게는 수평적인 관계가 여간 불편한 게 아니다. 물론 자기 때와 판이하게 행동하는 신입사원을 보면 다소 억울한 기분도 들겠지만, 그보다 자신이 알고 있던 기존의 대인관계 방식에서 벗어나 있는 사람을 보며 일종의 두려움을 느끼는 것이다.

수직적인 관계가
위험한 이유

"라떼는 말이야."

최근 유행하는 신조어다. 예전에 있었던 일이나 왕년에 경험한 일을 무용담처럼 늘어놓으며 후배나 부하를 은근히 폄훼할 때 쓰는 말투를 일컫는다. 꼰대들이 자주 사용하는 대화 방식이다.

하지만 이런 말투와 사고방식이 중년층 이상 사람들에게만 해당하는 이야기는 아니다. 젊은 세대에서도 이런 모습을 얼마든지 볼 수 있다. 근래 정신건강의학과를 찾아 상담하는 젊은 직장인 중에는 이런 사람들이 상당수 있다. 꼰대처럼 대놓고 "라떼는 말이야"라고 하지는 못하지만, 속으로는 몇 살 차이 나지 않는 후배들과 관계가 틀어져 혼자서 끙끙대는 사람들이 많은 것이다.

그렇다면 이들은 대인관계에서 왜 이와 같은 태도와 믿음을 갖게 되었을까?

사실 고수직 대리가 자주 쓰는 '감히'라는 표현은 어린 시절 그가 아버지에게 수시로 듣던 말이었다. 그의 아버지는 자식들에게 무조건 복종을 요구하던 권위적인 아버지였다. 부모와 자식 관계를 서로 존중하는 수평적 관계로 보지 않고, 지시하고 복종하는 수직적 관계로만 파악한 것이다.

"이 녀석이 감히 누구 앞이라고!"

"아버지 앞에서 어디 감히 그런 말버릇을……"

고수직 대리는 이런 아버지 영향을 받았다. 가정에서도 회사에서도 가부장적 위계질서가 반듯하게 적용되는 문화가 자연스럽고 편했다. 상사들에게 고분고분하고 순종적으로 대하면 다들 좋아했다. 예의 바르다며 칭찬도 많이 받았다. 그가 지금껏 경험한 대부분의 관계는 수직적인 관계였다. 간혹 수평적인 관계에 속하게 될 때는 자신이 어떤 역할을 해야 할지 몰라 당황스러웠다.

이런 사람들은 관계에 있어서 매우 경직되어 있다. 대인관계 패턴이 변하는 것을 받아들이기 어려워한다. 지시한 일만 하면 되고 책임은 비교적 가벼운 신입사원 시절이 가장 행복한 사람들이다. 경력이 쌓여 진급해서 선배나 상사가 되면 신경 써야 할 일이 많고 중요한 판단과 결정을 내려야 하며 책임질 일도 늘어나기에 불행하다. 어려서부터 경험한 수직 관계에 고착되어 있다.

수직적인 관계가 위험한 이유는 이런 관계에서는 아래에 있는 사람이 위에 있는 사람으로부터 통제당하기 때문이다. 억압과 통제에 놓인 사람은 분노할 수밖에 없다.

때로는 이런 관계를 당연시하면서 분노를 억압하기도 하고, 다른 대상에게 화풀이하거나 신체적 증상을 나타내기도 하며, 폭음 등 일탈행위로 이어지기도 한다. 수직적인 관계는 누군가 희생하는 관계다. 누구도 타인을 위해 자신을 희생하고 싶지 않다. 희생을 강요하거나 요구하는 관계는 건강한 관계가 아니다.

고수직 대리 같은 이들에게는 위아래 관계가 확실해야 일이 제대로 진행이 된다는 강한 믿음이 자리 잡고 있다. 회사든 가정이든 어떤 조직이든 그래야 돌아간다고 믿는다.

그러나 역할 구분이 명확해야 일이 잘 진행되는 것이지 위아래 관계만 분명하다고 해서 일이 진행되는 건 아니다. 수직적인 관계는 일을 제대로 수행하기 위해서도 필요한 관계가 아니기에 일대 변화가 요구된다.

나를 지키는 심리학

건강한 관계를
만들어나가는 법

먼저 관계의 목적을 명확히 해야 한다. 회사는 일을 위해 맺어진 관계다. 일을 위한 것이라면 수용할 수 있어야 하고, 일을 위한 것이 아니라면 거절할 수 있어야 한다. 이것이 바른 관계다. 수직적인 관계를 원하는 사람들이 수평적인 관계를 원하는 사람들에게 그것이 일을 위한 것이라고 강요하는데, 과연 정말 일을 위한 것인지 아니면 개인을 위한 것인지는 고민해봐야 한다.

관계에 있어서 누군가를 만족시켜주기 위한 관계는 건강하지 않은 관계다. 내가 타인을 만족시켜주기 위해 뭔가를 해서도 안 되고, 타인이 나를 만족시켜주도록 뭔가를 기대해서도 안 된다.

두 가지 관계의 방향을 동시에 바꿔보자. 한 가지만 바꾸면 안 된다. 한 가지만 바꾸는 것도 결국은 일방향적인 변화일 뿐이다. 양방향을 항상 명심해야 한다. 양쪽이 다 바뀌어야 바꾼 것이다.

일단 가벼운 것부터 시작한다. 내가 복종하거나 타인의 복종을 바라던 습관을 고쳐서 하나씩 쉬운 것부터 바꿔나가는 것이다. 직장 상사의 눈치를 보고 음식 메뉴를 결정한다거나, 부하직원이 내 문자 메시지를 보고 짧게 답장했다고 해서 기분 나빠한다거나 하는 습관부터 고쳐야 한다.

수평적인 관계에 익숙한 사람들을 보고 따라 하는 것도 좋다. 이들로부터 얼마든지 배울 게 많다. 나이나 직급을 떠나 수평적인 관계만큼은 그들이 나보다 얼마든지 선배이자 스승일 수 있다.

동시에 사랑스러운 내 아들딸이 회사에서 이런 경험을 한다면 어떨지를 상상해본다. 매일 선배나 상사에게 "라떼는 말이야" 하는 소리를 듣고 복종을 강요당하며 통제 속에 살아간다면 기분이 어떻겠는가? 우리가 후손들에게 물려줘야할 건 자연이나 환경뿐 아니라 관계와 문화도 포함된다.

이와 같은 변화는 관계를 가볍고 멀게 만드는 게 아니다. 오히려 균형적으로 만들어서 더 안정적이고 오래갈 수 있도록 해준다. 공적인 관계는 수직적인 관계여야 하고 사적인 관계만이 수평적인 관계라는 고정관념은 오류다. 수직적인 관계는 한쪽에서는 존중하기만 하고 한쪽에서는 존중받기만 하는 관계다. 어떤 관계든지 상호존중이 가능할 때 안정적으로 관계를 유지할 수 있다.

누구에게나 친절하고 동시에 누구에게나 당당한 내가 되어보자.

나를 지키는 심리학

매사 부정적이고 공격적인
동료가 싫어요

편집성 성격

"아, 이번 신입사원 중에 그 친구가 참 똑똑해 보였는데, 다른 부서로 발령이 나버렸네."

"마케팅팀하고 영업지원팀에는 지원을 잘해주면서 왜 우리 부서에는 지원이 시원찮은 거야?"

"1분기 실적이 비슷한데, 옆 부서는 성과급 50퍼센트를 주면서 우리는 왜 30퍼센트밖에 안 주는 거지?"

강 대리는 오늘도 권 부장의 푸념을 들으며 불편한 감정을 해소하느라 오전 내내 일이 손에 잡히지 않았다. 권 부장은 이른바 '프로불편러'다. 별것도 아닌 일에 예민하게 반응하면서 매사 불평불만을 늘어놓아 부정적인 여론을 형성하고 논

쟁을 부추기는 사람이다.

또한 주변 사람을 불편하게 만드는 특이한 재주를 지닌 존재다. 의욕적으로 일하려는 사람도, 새로운 일에 도전해보려는 사람도 그와 함께 대화를 나누다 보면 기운이 빠지고 의지가 약해진다. 그래서 다른 부서원들은 그의 말을 한 귀로 듣고 한 귀로 흘린다. 그렇지만 강 대리는 권 부장 바로 앞자리라 조그맣게 구시렁거리는 소리까지 다 들린다. 귀를 틀어막고 살 수도 없어 불편한 것이 한두 개가 아니다.

권 부장의 불평불만은 회사나 다른 부서만을 대상으로 한 건 아니다. 자기 부서 직원들을 향해서도 온갖 불평불만을 쏟아낸다. 심지어 직원들이 자신을 무시하고 홀대한다고까지 생각한다.

하루는 견디다 못한 이 과장이 나름 분위기를 풀어보려고 권 부장에게 다가가 비위를 맞췄다.

"저, 부장님……. 요즘 우리 부서원들이 다들 열심인데, 격려도 할 겸 회식 한번 할까요?"

"열심? 무슨 열심? 그래서 성과급도 제일 적게 받나? 당신이 그러니 부서가 이 모양이지."

"너무 그러지 마십시오. 저도 한다고 하는데…… 그럼 우리 둘이 오붓하게 술이나 마실까요?"

"오붓하게 좋아하네. 내가 당신하고 오붓할 일이 뭐가 있

나를 지키는 심리학

어? 지금 나 무시하는 거야?"

이 과장에게도 이럴 정도니까 대리나 평사원은 인간 대접을 받지 못할 때도 많다. 한번 왕창 들이받고 속 시원히 사표를 쓸까 고민하는 직원들도 있었지만, 이 불황에 옮겨갈 만한 회사도 마땅치 않다 보니 그저 꾹 참고 '참을 인'자를 새겨가며 출퇴근하는 상황이다.

권 부장은 다른 부서장들 사이에서도 악명 높다. 한 달이 멀다 하고 타 부서장과 말다툼을 벌인다. 멱살잡이까지 한 일도 있다. 그런 날은 불똥이 다른 데로 튀지 않도록 더욱 몸을 사려야 한다. 강 대리는 가시방석에 앉은 듯 조마조마하다. 작년에 권 부장 부서로 발령이 나서 일하는 중인데, 다행히 지금까지는 한 번도 그에게 심하게 깨진 적이 없지만, 자신에게 언제 그런 일이 닥칠지 불안하기만 하다.

편집성 성격에 걸린
사람들의 공통점

주변을 둘러보면 권 부장 같은 사람들이 있다. 마치 혼자 전쟁터에서 사는 사람처럼 좌충우돌 부딪히며 사람들을 불안하게 하고 불편하게 만든다. 2000년 후카사쿠 긴지 감독이 만든 일본 영화 〈배틀로얄〉을 실제 촬영하는 것처럼 행동한다. 교권이 무너진 교실에서 벌어지는 살인 게임을 다룬 이

영화 출연자들의 생존 방식은 '상대를 죽이고 나만 살아남아야 한다'는 것이다.

이런 식으로 살아가는 사람은 함부로 건드리기도 무섭고, 자기 자신에게 다가오는 건 더 무섭다. 당연히 그 사람 주변에는 아무도 없다. 상대하기 싫기 때문이다. 그런데도 정작 본인은 이를 의식하지도 불편해하지도 않는다. 때로는 딱하게 보이기도 하지만, 이런 사람에게 섣불리 다가갔다가 오히려 의심이나 분노의 대상이 되기라도 하면 큰일이니 어설픈 동정심을 거둬들인다.

이러한 성격을 '편집성 성격Paranoid Personality'이라고 한다. 타인을 신뢰하지 못하고 다른 사람이 항상 자신에게 해를 입힐 것으로 의심하며 언제라도 싸울 듯이 긴장 상태를 유지한다.

대체 왜 이러는 걸까? 친한 친구를 떠올려보자. 이 친구에 대한 내 감정이 좋은 것만 있을까? 아니다. 미워하는 마음도 있다. 사람 사이의 관계는 다면적이고 복합적이다. 한 사람에 대해 하나의 감정만 가질 수는 없다.

그런데 편집성 성격을 가진 사람은 누군가를 좋아하면서 한편으로 미워하는 감정을 갖는 게 불편하다. 결국 상대방을 미워하는 마음이 내 마음이 아니라 상대방의 마음이라고 생각한다. 그게 편하기 때문이다. 이에 따라 모든 사람이 자신을 미워한다고 생각하고, 언제든 자신을 공격할 수 있다고 생

나를 지키는 심리학

각하기에 이른다.

이처럼 내 불편한 마음을 상대방의 것으로 생각하면서 이를 믿으려는 것을 '투사投射, Projection'라고 한다. 자신의 성격, 감정, 행동 등을 이해하거나 만족할 수 없을 때 이를 다른 사람 탓이라 여김으로써 자신을 정당화하는 무의식적인 마음의 작용이다.

예를 들어 오랫동안 만나온 애인이 있다고 하자. 감정이 더 무르익지 않아 헤어지기로 마음먹었다. 막상 결심하고 나니 마음이 아프다. 나에게 헌신적으로 잘해준 사람인데, 헤어지고 싶다는 마음을 스스로 받아들이기 힘들다. 상대방은 나를 변함없이 대해준다. 이때 헤어지고 싶다는 마음이 내 것이 아닌 상대방의 것이라고 투사한다. 내가 보기에 나에 대한 그 사람의 사랑이 식은 것 같다. 아니, 그렇게 믿고 싶은 것이다. 그래야 내 마음이 편하니까 그렇다. 다음에 만났을 때 상대방에게 이렇게 물어본다.

"요즘 너 좀 변한 것 같아. 나한테 질렸니? 나랑 헤어지고 싶어?"

권 부장이 이런 경우다. 내가 타인에게 해로운 행동을 할 수 있는데, 그런 모습이 원래 나에게는 없는 것이고 상대방의 모습이라고 생각한다. 그래서 항상 자기 자신을 상대방에게 공격을 당하는 불쌍하고 안타까운 존재라고 여긴다.

심지어 이런 사람은 내 분노의 감정을 타인이 느낄 수 있도록 특정한 상황을 만들어 상대방이 자신의 감정을 대신 느끼게 만든다. 이를 '투사적 동일시Projective Identification'라고 한다. 앞에 나온 오래된 연인의 사례라면, 헤어지기를 원하는 사람이 무의식적으로 약속도 어기고, 옷도 대충 입은 채 나가며, 평소 안 하던 이상한 행동을 함으로써 상대방이 나에 대해 매력을 상실하거나 아예 질려버리도록 만드는 것이다. 그럼으로써 상대방이 '지금 내가 이 사람이랑 헤어지고 싶은 건가?'라는 생각이 들도록 한다. 실제로 그렇게 된다면 이별의 책임은 자신이 아닌 상대방에게 있으며, 자신은 청순가련한 비련의 주인공이 되는 것이다.

프로불편러의
표적에서 벗어나려면

연인도 친구도 아닌 직장에서 만난 사람들끼리라면 어떨까?

일단 싸우지 않아야 한다. 아무리 화가 나도 참는 게 좋다. 한번 세게 들이박고 그만둘까, 하는 생각이 들 수 있지만 절대 금물이다. 내가 생각하는 싸움과 수준이 다르다. 상대방은 프로 싸움꾼이다. 언제든 싸울 준비가 되어 있고, 끝까지 싸울 태세가 갖춰진 사람이다. UFC(Ultimate Fighting Championship, 미국의 이종격투기대회) 선수와 일반인이 싸울

　　　　　　　　　　　　　　　나를 지키는 심리학

필요는 없지 않은가?

'내가 왜 이 사람에게 당하기만 해야 하지? 너무 억울해. 정말 해도 해도 너무한 거 아닌가?'

물론 이런 생각도 들 수 있다. 하지만 이 상황이 이 사람의 덫이다. 투사적 동일시다. 내가 화를 내면 그는 반성은커녕 '아, 역시 세상 모든 사람이 나를 공격하는구나'라고 생각하면서 자신의 평소 생각에 대해 더 확신한다. 내가 애초 의도했던 타격을 입힐 수 없다. 그럴 정도의 사람이라면 이미 이전에 있었던 수많은 전투에서 심각한 타격을 입었을 것이다. 그가 멀쩡한 걸 보면 이 정도로 끝날 싸움이 아니라는 뜻이다. 그러니 나와 레벨이 다른 사람이라는 것을 빨리 인정하는 게 편하다.

분노 혹은 의심의 대상이 되지 않기 위해서는 공격당할까 봐 숨기려 하기보다는 공개할 수 있는 건 확실히 공개하는 게 낫다. 직장에서 상대방이 상사라면 본인이 통제력A Sense of Control을 잃었다고 느끼지 못하도록 보고를 최대한 자세히 해야 한다. 말을 섞는 게 불편해서 또는 꼬투리를 잡힐까 봐 보고를 거르거나 대충하다가는 무시당한다는 기분을 줄 수가 있다. 내가 부하직원으로서 보고해야 할 것을 상세하게 보고함으로써 뭔가를 숨기거나 일부러 거리를 두고 있다는 인상을 주지 않는 것이 좋다. 그런 인상을 줄 경우, 그것이 도리어 분노와 의심의 빌미가 될 수 있다.

그렇다고 너무 애쓰는 티를 내면 오히려 상대방의 의심을 살 수도 있다. 이런 사람은 상대방과 상당한 거리가 필요하다. 그래야 안정감을 느낀다. 맨 처음 사례에서 이 과장처럼 사적으로까지 가까워지려고 시도하면 상대방이 더 불안할 수 있다. 일과 관련해서는 정확하고 자세하게 하되 감정적인 표현은 최대한 자제하면서 사적인 대화를 하지 않는 것이 현명하다. 적정한 수준의 거리를 유지하면서 상대방의 분노와 의심의 영역 안에만 들지 않도록 주의하면 된다.

불필요하게 타인과의 관계에서 긴장을 유발하고, 타인이 자신을 공격할 거라 여기는 프로불편러들의 모습이 한심해 보일 수도 있다. 하지만 그것이 이들의 생존 방식이다.

사람은 누구나 투사할 수 있다. 권 부장이 언젠가 나를 공격할 수도 있다고 불안해하는 것이, 실제로는 내가 어쩌면 권 부장에 대한 분노를 참지 못할 수도 있다는 불안에서 시작된 투사일 수 있다. 즉, 정작 권 부장은 나에게 아무런 관심이 없는데, 나 혼자 지레짐작으로 사서 하는 걱정일 수 있다는 이야기다.

나를 지키는 심리학

친한 동료가 자꾸 선을 넘는데
참아야 할까요?

고슴도치 딜레마

이 대리는 요즘 박 대리 생각만 하면 머리가 지끈거린다. 그동안 너무 많은 상처를 받았기 때문이다. 아무리 흉금을 털어놓고 지내는 사이라 해도 이건 좀 심하다 싶은 게 한두 번이 아니다. 업무와 관련된 건 그렇다 치고 개인적인 것까지 서슴없이 부탁하는 걸 보면 정말 어이가 없다.

"이 대리, 나 내일부터 휴가거든? 나 없는 동안 이 일 좀 대신 처리해줘. 부탁해."

어제는 버럭 화까지 낼 뻔했다. 박 대리가 휴가를 가면서 자기 일을 이 대리한테 떠맡긴 것이다. 대체 업무 지정자가 따로 있는데도 굳이 자신에게 일을 넘기고 가는 심사가 뭔지 궁금했다.

'내가 그렇게 만만한가? 아니면 우스운가?'

박 대리와의 사이가 처음부터 그랬던 건 아니다. 입사 동기인 박 대리와 이 대리는 소문난 단짝이었다. 어떨 때는 친형제처럼 보일 정도였다. 눈빛만 봐도 속마음을 알아챌 만큼 잘 맞았다.

'박 대리를 보면 마치 또 다른 나를 대하는 것 같아.'

심지어 이런 생각까지 한 적도 있었다. 일이 너무 많아 지칠 때도, 힘든 일을 맡아 버거울 때도, 난관에 봉착해 어려움을 겪을 때도 항상 옆에서 박 대리가 힘이 돼주었다. 고민이 생겼을 때 퇴근 후 함께 식사하면서 속내를 털어놓으면 언제나 잘 듣고 위로해주던 이가 바로 박 대리였다.

그런데 언제부턴가 이런 박 대리가 부담스러워지기 시작했다. 지나칠 만큼 친하게 지내다 보니 두 사람 사이에 경계가 무너져버린 것이다. 박 대리는 이 대리에게 아무거나 다 부탁하며 떠맡겼다. 그러면서도 미안해하지 않았다. 당연하다고 생각하는 것 같았다. 이 대리는 박 대리에게 그렇게 하지 않았다. 공과 사를 분명히 하면서 서로 지킬 건 지켜야 한다고 생각했기 때문이다.

만약 이 대리가 박 대리에게 정색하고 선을 지켜달라 말했다면 박 대리는 그렇게 했을 것이다. 부탁을 거절하면서 안

나를 지키는 심리학

되는 이유를 설명했다면 충분히 이해했을 것이다. 하지만 이 대리는 박 대리에게 아무 말도 하지 않았다. 그런 말을 하는 순간, 두 사람 관계가 깨지거나 멀어질 것 같아 두려웠던 까닭이다.

속으로는 불만이 가득하면서도 겉으로는 드러내지 않은 채 박 대리가 해달라는 대로 다 해주면서 그렇게 지냈다. 그러는 사이 이 대리 마음속에는 벙어리 냉가슴 앓듯 응어리가 켜켜이 쌓여갔다. 점점 회사 가기도 싫어졌다. 박 대리를 대면하는 게 껄끄러운 것이었다.

이 대리의 학창 시절 모습도 지금과 비슷했다. 평생 좋은 관계를 유지할 수 있는 베프가 생기길 원했다. 그러다가 막상 좋은 친구를 사귀게 되면 무조건 잘해주려다가 스스로 상처를 입곤 했다. 결국은 힘에 겨워 떨어져 나간 건 이 대리 자신이었다. 홀로 있으면 외로워서 견딜 수 없으면서도 친한 사람과 함께 있으면 상처받고 제풀에 지쳐버리는 스타일. 이 대리는 그런 사람이었다.

건강한 거리 두기
'고슴도치의 딜레마'

염세주의자로 잘 알려진 독일 철학자 쇼펜하우어가 쓴 책 《소품과 단편집 Parerga und Paralipomena》에는 고슴도치 이야기가 등장한다.

몹시 추운 어느 겨울 고슴도치들이 얼어 죽지 않으려고 서로에게 다가갔다. 온기를 나누면 추위를 이길 수 있을 것 같았으나, 실상은 아니었다. 몸에 돋아난 날카로운 가시 때문에 오히려 서로를 찌르게 된 것이다. 온기를 나누기는커녕 아파서 피가 날 지경이었다. 고슴도치들은 놀라서 떨어져 앉았다. 추웠지만 아픈 것보다는 나았다.

하지만 조금 지나다 보니 너무 추웠다. 가시가 돋지 않은 머리와 배 부분으로 온기를 나누면 되겠지 하고 다시 한데 모였다. 이번에도 가시가 서로에게 상처를 냈고, 이를 견디기가 너무 고통스러웠다. 또다시 떨어졌다. 고슴도치들은 겨우내 이런 식으로 뭉쳤다 흩어지기를 반복할 수밖에 없었다.

이러지도 저러지도 못하는 이 같은 상황을 고슴도치의 딜레마라고 한다. 과연 고슴도치에게는 어느 정도의 거리가 필요한 걸까? 모였다 헤어지기를 거듭하던 고슴도치는 마침내 적당한 거리를 유지하는 게 서로 공존할 수 있는 길이라는 사실을 깨닫게 된다. 요즘 말로 하면 거리 두기다.

가까이하면 아프고 멀리하면 외로운 딱한 처지는 고슴도치에게만 해당하는 이야기가 아니다. 인간관계에도 똑같이 적용된다. 너무 가까우면 상처를 받아 아프고 너무 떨어지면 춥고 외로워서 힘들다. 고슴도치처럼 서로를 찔러 아프게 하

나를 지키는 심리학

지 않으려면 일정한 거리를 유지하는 게 필요하다.

이 세상에 가시 없는 사람은 없다. 나를 포함한 모든 인간은 저마다 뾰족한 가시 하나쯤 품고 산다. 어쩌면 수많은 가시가 내 등 뒤에 돋아 있을 수도 있다. 따라서 내 딴에는 온기를 주기 위해 다가갔지만, 그것이 상대방에게는 가시가 될 수도 있는 법이다.

갈등 없는 인간관계는 불가능하기에 드러나지 않는 갈등이 있다면 한쪽이 다른 한쪽을 계속 찌를 수도 있다. 본의 아니게 내가 가진 가시 때문에 다른 사람이 상처받고 아파할 수 있다는 생각, 모든 인간관계에서 한 번쯤 이런 생각을 하며 상대방을 배려한다면 외롭거나 상처받는 일이 많이 줄어들수도 있다.

살짝 떨어져 사는
연습이 필요하다

만약 내가 가시에 찔렸다면 어떻게 해야 할까?

거리를 둬야 한다. 아프지 않기 위해서다. 상처받지 않기 위해서다. 일단 살아남기 위해서다. 연락하는 횟수를 줄인다거나, 회사 밖에서는 만나지 않는다거나, 꼭 필요한 일 외에는 접촉하지 않도록 노력해야 한다. 다가가면 찔리기 때문에 어쩔 수 없다. 적정 거리가 관계 유지 거리다.

상대방에게 내가 찔려서 아프다는 사실, 내가 상처받아서 힘들다는 사실을 알리는 것도 관계를 개선할 수 있는 좋은 방법이다.

위 사례에서 박 대리가 이 대리에게 한 행동은 의도적인 게 아닐 수 있다. 이 대리를 힘들게 하려고, 찌르려고, 상처 주려고 한 행동이 아닐 수 있다. 그러므로 박 대리는 이 대리가 상처를 받았다거나 아파한다거나 하는 사실을 모른다. 이 대리도 아무런 말을 하지 않았다. 속마음을 털어놓지 않았기에 알 수가 없다. 알게 된다면 상황은 달라질 수 있다.

다만 이를 알릴 때, 그 의도가 불만을 표현하거나 지난 일에 대해 항의하기 위함이 아니라는 점을 분명히 해야 한다. 좋은 관계를 회복하기 위해, 다시 존중하고 배려하는 사이를 만들려고, 서로 공존하면서 더 나은 관계를 구축할 목적으로 이야기하는 것임을 친절히 설명해야 한다.

정신분석의 창시자인 지그문트 프로이트는《집단 심리학과 자아의 분석 Group Psychology and the Analysis of the Ego》이라는 책에서 이렇게 말했다.

"고슴도치의 딜레마가 없는 관계는 어머니와 아들 관계밖에 없다."

어머니와 아들 관계 외에 세상 모든 인간관계에는 다 고슴도치의 딜레마가 있다는 말이다. 그래서 아무리 친한 사이라도 일정한 선을 넘지 않도록 하는 적당한 거리 두기가 필요하고, 아무리 어렵고 힘든 사이라도 언젠가 가까이 다가갈 수 있는 마지노선을 설정해두는 지혜가 필요하다.

가장 좋은 인간관계는 중용의 철학이 적용된 '불가근불가원不可近不可遠'이다. 차와 차 사이에도 안전거리가 반드시 지켜져야 하듯, 인간관계에도 안전거리가 있어야만 사고가 나지 않는다.

Part 3

통제 불능의 감정으로부터 나를 지키는 연습

나부터 잘 알아야
일도 더 잘됩니다

나를 지키는 심리학

회의만 다가오면
숨이 막히고 떨려요

회의 공포증

사람마다 공포를 느끼는 상황이나 대상이 다양하다. 길거리에 비둘기가 보이면 다른 길로 돌아가야 하는 사람도 있고, 높은 곳이 두려워 고층 아파트에 사는 건 꿈도 못 꾸는 사람도 있다. 주변에서는 '그까짓 게 뭐가 무서우냐?'며 핀잔을 주지만 당사자의 고통은 어마어마하다.

직장인 포비아 씨는 일요일 밤이 되면 걱정이 시작된다. 그리고 월요일 아침 출근길에는 가슴이 콩닥콩닥 뛰고 식은땀이 나기 시작한다. 출근 후 회의실로 들어가면서 손까지 떨리는 자신의 모습을 보고 눈물을 글썽인다.

포비아 씨에 대한 진단명은 월요병이 아니다. 포비아 씨를 괴롭히는 건 월요일 아침마다 있는 회의 시간이다. 회의가 시작되고 자신의 차례가 다가올수록 공포감은 더해간다. 그리고 발언을 하려는 순간 호흡이 가빠져서 목소리도 제대로 나오지 않게 되고, 겨우겨우 목소리를 내면 덜덜 떨려서 하고 싶은 이야기를 끝까지 하지 못하게 된다.

포비아 씨는 학생 때만 해도 사람들 앞에서 이야기하고 노래 부르는 걸 좋아했다. 물론 지금은 과거의 모습을 잊고 지낸다. 태어날 때부터 많은 사람 앞에서 이야기하는 게 두려웠던 것으로 기억하지만, 곰곰이 어렸을 때를 떠올리면 분명 사람들 앞에서 뭔가를 하는 게 즐거운 시기가 있었다.

그러던 포비아 씨는 입사 후 첫 회의를 경험하게 된다. 임원들도 참석하는 중요한 회의였기에 포비아 씨는 혹시라도 잘못 찍히지 않을까 불안해하며 회의에 참석했다. 포비아 씨는 회의 중간중간 '누가 나한테 뭘 물어보면 어떡하지', '지금 내 태도가 문제 되지는 않을까' 걱정하며 회의가 끝나기만을 기다렸다. 마침내 회의가 거의 끝나갈 무렵, 누군가가 포비아 씨에게 첫 회의의 소감을 물었다. 회의실에서 누구도 자신의 존재를 알아차리기를 원치 않았던 포비아 씨는 순간 모든 사람의 시선이 자신을 향하자 떨리는 목소리로 간신히 소감을 이야기했다.

이야기를 끝내고 나서도 누가 내 떨리는 목소리를 알아차렸으면 어떡하지, 걱정하는 순간 회의실에 있던 어느 분이 말을 건넸다.

"포비아 씨가 처음이라 긴장했나 보네요. 포비아 씨, 앞으로 편하게 이야기하세요. 우리 무서운 사람 아닙니다."

그 뒤 포비아 씨는 씩씩한 사람으로 보이기 위해 모든 일에 적극적으로 나섰다. 대다수 직원이 회피하는 위험한 일도 선뜻 자청하면서 불안과는 거리가 먼 사람처럼 매사 적극적으로 일했다.

하지만 그러다가도 월요일 회의 시간만 다가오면 다시 그날의 악몽이 재현될까 노심초사하고, 결국 매번 자신의 발표 때마다 긴장하는 모습이 반복되었다. 심지어 어느 순간부터는 소수의 인원 앞에서도 잔뜩 긴장하게 되었고, 종이에 있는 내용을 그냥 읽기만 하는 일에도 목소리가 떨리면서 들고 있는 종이까지 덜덜거렸다.

의외로 많은 직장인들이 경험하는 '회의 공포증'

포비아 씨의 회의 공포증은 많은 회사원이 경험하는 공포증 가운데 하나다. 이런 사람들은 회의에서 뭔가를 발표할 때마다 다른 사람의 시선이 총알처럼 느껴진다. 누가 멍하니 다른 생각을 하면서 쳐다보면, '왜 이렇게 표정이 무표정이지? 내 발표가 별로인가? 혹시 내가 떨리는 게 신경 쓰이나?' 이런 걱정을 하기도 한다. 하지만 그들의 우려와는 달리 실제로 사람들은 내 발표나 행동에 별다른 관심을 보이지 않는 경우가 많다.

회의 공포증의 원인은 모든 사람에게 그리고 모든 상황에서 완벽하게 보이고 싶어 하는 데 있다. 그들은 누구보다 열심히 회의 준비를 한다. 내가 더 열심히 준비해서 내용에 자신감이 생기면 떨지 않을 거라고 기대한다. 그러나 회의가 다가오면 회의 내용보다는 떨지 않는 모습을 보이는 데 더 신경이 쓰이기 시작한다.

회의 공포증에 시달리는 사람은 다른 사람에게 내가 어떻게 보이느냐가 매우 중요하다. 자칫 잘못해 또다시 실수를 반복하면, 나에 대한 이미지가 안 좋아질까 봐 전전긍긍한다. 그들은 자신의 이미지에 대한 포기를 모른다.

'떨면 어때? 남들이 내가 떠는 모습 좀 본다고 뭐가 어떻게 되겠어?'

이렇게 생각한다면, 긴장도 덜 되고 떨림도 줄어들텐데, 그렇게 하지 못하니 공포에서 벗어나기 힘들다. 우황청심환을 먹기도 하고, 심호흡을 크게 하기도 하며, 각종 정보를 따라 이것저것 해보지만, 효과를 보기 어렵다.

나를 지키는 심리학

약물복용을
고려해보는 것도 방법

다행히도 회의 공포증에 효과가 좋은 약들이 몇 가지 있다. '인데놀'이라는 약은 교감신경계의 작용을 억제해서 심장이 빨리 뛰고, 손발이 떨리며, 목소리가 떨리는 것을 감소시킨다. 발표에 대한 불안을 완전히 없애주지는 못하지만, 신체적인 불안을 줄여주면서 불안이 점점 커지는 것을 막아준다. 항불안제인 벤조디아제핀 계열 약물은 졸릴 수는 있으나 불안을 급격히 줄여주어 역시 큰 도움이 된다.

약물치료만큼 효과적인 것 중 하나가 호흡 이완인데, 호흡을 의도적으로 천천히 함으로써 몸을 이완시키는 것을 말한다. 긴장하는 경우 숨이 가쁘다고 느끼며 호흡을 과도하게 많이 하게 되는데, 이러면 오히려 불안이 더 악화한다. 결국 반대로 호흡을 천천히 함으로써 내 불안을 조절할 수 있다.

불안한 상황이 오기 전 평소에 미리 호흡 이완을 익혀두면 도움이 된다. 천천히 숨을 들이마시고 기다렸다가 천천히 숨을 내뱉는 과정을 반복해본다. 보통 숨을 내뱉는 게 들이마시는 것보다 두 배 정도 길게 할 수 있다. 미리 연습해서 어느 정도 속도가 나에게 적절한 속도인지 인지하고 있어야 불안할 때 내 호흡에 집중하기가 쉽다.

포비아 씨는 약물복용과 호흡 이완을 통해 성공적인 발표를 이어나갔다. 진작 병원에 방문하지 않았던 걸 아쉬워하기도 하지만, 이제라도 발표를 잘 해낼 수 있다는 데 큰 만족을 하게 되었다. 점점 발표에 대한 자신감이 생기고 회의가 있는 월요일이 기다려지기 시작했다. 심지어 어느 날은 자신의 발표 시간이 부족하다고 느껴져 더 이야기하고 싶어졌다. 그리고 이런 자신감을 바탕으로 약을 먹지 않고 발표하는 시간을 계획했다.

불안과 관련한 노출 치료에는 홍수법과 점진적 노출 치료 두 가지가 있는데, 홍수법은 불안을 유발하는 강력한 상황에 노출된 후 회피를 막아 불안을 극복하게 하는 방법이고, 점진적 노출 치료는 극복하기 쉬운 단계부터 어려운 단계까지 차근차근 극복해나가는 것을 말한다.

가령, 고소공포증이 있는 환자에게 홍수법을 시도한다면 처음부터 옥상 꼭대기까지 올라가게 한 후 불안을 극복하기 전에는 내려오지 못하도록 하는 것이고, 점진적 노출 치료를 한다면 2층까지 올라가 보고, 다음에는 3층, 다음은 4층 이런 식으로 점차 늘려가는 것이다.

홍수법의 경우 치료적 시도가 트라우마가 되기도 하여 시도하기에 어려움이 많은 것이 사실이다. 포비아 씨의 점진적 노출 치료를 위해 처음에는 5명이 함께하는 회의에서 약물복

나를 지키는 심리학

용 없이 발표해봤고, 이후에는 10명, 다음에는 20명 이런 식으로 회의 참석 인원을 점차 늘려갔다.

불안은 위험한 상황에서도 느끼는 감정이지만, 잘하고자 할 때 역시 느끼는 감정이다. 시험을 앞두고 있는데, 불안하지 않다면 열심히 할 수가 없다. 발표를 앞두고 불안해하고 있다는 건 내가 나약해서가 아니라 내가 잘하려고 하기 때문이다.

발표 불안을 치료한다는 건 불안한 감정을 안 느끼게 하는 게 아니라 불안한 감정이나 이로 인한 신체적 반응이 발표를 방해하는 것을 막는 것이다. 불안한 내 감정은 잘못이 없다. 단지 너무 잘하려고 했을 뿐.

'그날'만 되면 유독 예민해지는 나, 비정상인가요?

월경전불쾌장애

초예민 씨는 평소 차분하고 얌전한 성격의 소유자다. 다른 사람에게 짜증을 낸다거나 큰소리를 치는 건 상상할 수도 없다. 직장 동료들 역시 친절한 그녀를 다들 좋아한다.

하지만 초예민 씨에게는 한 달에 한 번씩 날카로워지는 시기가 있다. 월경이 시작되기 일주일 전 그녀는 예외 없이 순하고 배려심 많은 여자에서 날카롭고 예민한 여자로 바뀐다.

출근길 엘리베이터 안에서 벌어진 일이다. 그날따라 유난히 엘리베이터 안이 복잡하고 시끄러웠다. 특히 맨 나중에 억지로 탄 부장 두 사람은 자기들밖에 없는 것처럼 떠들어댔다.

"휴……."

그녀는 큰 한숨을 내쉬었다. 평소엔 상상하기 어려운 행동이었다. 엘리베이터 안이 쥐 죽은 듯 조용해졌다. 모두의 시선이 자신을 향하는 것처럼 느껴졌다.

그녀는 매달 겪어야 하는 자신의 갑작스러운 변화가 낯설고 거북했다. 하루는 남자친구에게까지 유달리 예민한 모습을 보였다.

"예민아, 다 이해하겠는데…… 그래도 PMS치고는 너무 심한 것 아냐? 보통 다른 여자들은 이렇게 심하지는 않잖아?"

그녀는 자신을 진심으로 이해해주지도, 걱정해주지도 않은 채 남의 말 하는 듯한 남자친구가 야속했다. 주변에 있는 친구들의 경우는 어떤지 만나서 의논해봤지만, 자기처럼 심한 사람은 없는 듯했다. 까칠하게 반응해서 직원들을 불편하게 만드는 것도 문제였지만, 더 큰 문제는 업무에 많은 지장을 준다는 거였다. 집중력이 떨어져 일의 진척이 느린 데다 회의 도중에 막 뛰쳐나가고 싶은 충동이 일고, 긴밀히 협력해서 완성해야 하는 일을 밀도 있게 진행할 수 없었다. 자기로 인해 다른 직원에게까지 피해를 줄 수도 있었다.

사정이 이렇다 보니 월경이 끝나면 그녀는 누구보다 바빠졌다. 월경 전부터 지장이 있었던 일과 미뤄두었던 일을 한꺼번에 처리하느라 정신이 없었기 때문이다. 이 같은 일이 반복되면서 초예민 씨는 하루하루 지쳐갔다.

월경전증후군에 따른
월경전불쾌장애

월경 전에 호르몬 변화로 신체적, 정서적 불편함이 나타나는 월경전증후군PMS, Premenstrual Syndrome에 대한 일반인들의 인식은 비교적 잘 되어 있다. 그러나 월경전불쾌장애PMDD, Premenstrual Dysphoric Disorder에 대해서는 잘 알려지지 않았는데, 정신건강의학과에서는 공식적으로 월경전불쾌장애가 월경전증후군의 심각한 상태라고 정의하고 있다. 월경전증후군은 생활 습관의 변화만으로도 조절할 수 있지만, 월경전불쾌장애는 치료가 꼭 필요한 질환이다.

특히 월경전불쾌장애는 증상 악화 시 자살 충동이나 시도 등 위험한 상황으로까지 발전할 수 있어 반드시 적절한 치료가 필요하다. 1980년대부터 월경전증후군을 겪고 있는 여성 가운데 치료가 필요한 사람이 있다는 의견이 대두되면서 관련 연구들이 진행되었고, 2013년에 발행된 세계적인 정신질환 진단 매뉴얼 《DSM-5》에 '월경전불쾌장애'라는 정식 진단명이 발표되었다. 월경하는 여성 중 12개월 동안 월경전불쾌장애를 경험하는 유병률은 1.8퍼센트에서 5.8퍼센트에 달하는 것으로 알려져 있다. 월경전증후군의 경우 월경하는 여성의 40퍼센트까지 경험하는 것으로 알려져 있기에 이에 비하면 적은 유병률이라 할 수 있으나, 마땅히 치료받아야 할 질환임에도 불구하고 아직 치료받지 못하는 환자들이 상당수에 달하는 실정이다.

초예민 씨처럼 대다수 여성이 월경전증후군과 월경전불쾌장애를 구분하지 못한 채 늘 겪는 일이니까 시간이 지나면 나아지겠지 생각하면서 아무런 조치 없이 지낸다. 물론 폐경 이후에는 월경전증후군과 월경전불쾌장애 모두 자연스럽게 사라지지만, 월경전불쾌장애는 폐경이 다가올수록 호르몬 변화로 증상이 악화하는 경향이 있으므로 처음 증세를 느꼈을 때 적극적으로 치료하는 게 좋다. 불편함과 거북함을 평생 끌어안고 살 필요는 없는 것이다.

다음은 월경전불쾌장애를 진단하는 표다.

A	B
1 불안정한 기분 (갑자기 울고 싶거나, 슬퍼지거나)	1 일상 활동에서의 흥미 저하
2 과민성, 분노 또는 대인관계에서의 갈등 증가	2 집중하기 어려움
3 우울한 기분, 절망감 또는 자기비난	3 쉽게 피곤하거나 무기력함
4 불안, 긴장, 신경이 곤두서거나 과도한 긴장감	4 과식 등의 식욕 변화
	5 과다수면 또는 불면
	6 압도되거나 자제력을 잃을 것 같은 느낌
	7 유방의 압통이나 부종, 두통, 관절통 혹은 근육통 등의 신체적인 증상

표 A와 B에서 적어도 각각 한 가지 증상은 있어야 하고, A와 B에 있는 증상을 다 합쳐서 5개 이상이면 월경전불쾌장애라고 진단할 수 있다. 이러한 증상은 보통 월경 1주일 전부터 나타났다가 월경이 시작되면 수일 안에 호전된다.

그렇지만 이 같은 진단 기준은 정신건강의학과 전문의가 판단할 때 사용하는 기준이므로 환자 스스로 자가 진단하는 데서 그치지 말고 전문의를 찾아 정확한 진단을 받는 게 중요하다. 직장인의 경우 직장 생활이 힘들고 업무에 지장을 초래할 정도면 월경전불쾌장애를 의심해 보는 게 좋고, 가정주부의 경우 살림이나 육아에 차질이 생길 정도면 월경전불쾌장애를 의심해 보는 게 좋다. 질환으로 내 본래 역할을 감당할 수 없을 지경이면 치료 대상이다.

'그날'이라고 다 같은
그날이 아니다

치료에 사용되는 약물로는 항우울제인 '선택적 세로토닌 재흡수 억제제SSRI, Selective Serotonin Reuptake Inhibitor'가 주로 사용된다. 이는 미국의 산부인과학회에서도 초기 증상 치료를 위해 권고하고 있는 약제다. 일정 기간 꾸준히 복용해야 하는 우울증 치료와 달리 월경전불쾌장애 치료의 경우, 월경 시작 2주일 전부터 혹은 증상이 나타날 때부터 복용해도 된다.

나를 지키는 심리학

선택적 세로토닌 재흡수 억제제를 우울증 환자에게 사용하면 효과가 완전히 나타날 때까지 수 주일을 기다려야 하지만, 월경전불쾌장애 환자에게 사용하면 하루 이틀 만에 효과가 나타난다. 우울증 환자에게는 선택적 세로토닌 재흡수 억제제로 인한 세로토닌 증가가 치료 효과를 나타내지만, 월경전불쾌장애 환자에게는 선택적 세로토닌 재흡수 억제제의 치료 효과가 성호르몬 관련 물질을 증가시키면서 나타나기 때문이다. 이 같은 효과는 세로토닌 증가로 인한 효과보다 더 빨리 나타난다.

현재 초예민 씨는 매달 한 차례씩 내원해 약을 처방받고 있다. 한 달 내내 복용할 필요가 없기에 한 번에 2주일 치씩 처방받는다. 이제 그녀는 예민해질 것에 대비해 약속을 미루거나, 휴가를 쓰거나, 서둘러 일을 처리하지 않아도 된다. 그녀는 예민한 시기를 겪지 않게 된 것보다 예민해질까 봐 걱정하지 않아도 되는 자신의 모습이 매우 만족스럽다고 했다. 일상이 회복되고 나니까 남들에게 한 달이 4주이듯 그녀에게도 한 달이 비로소 4주로 꽉 채워졌다.

'그날'이라고 해서 다 같은 '그날'이 아니다. 타인의 아픔은 내가 감히 어느 정도일 거라 예상할 수 없다. 타인이 내 아픔을 예상할 수 없는 것처럼 말이다. 내가 아프다면 아픈 거다. 당연히 아프면 병원에 가는 것이다.

정신건강의학과에서 진단을 내릴 때 중요한 기준 중 하나가 직업적, 사회적 기능의 손상 유무다. 마음이 불편해서 일의 능률이 떨어지거나 대인관계에 문제가 있다면, 이유가 어떤 것이든 간에 정신건강의학과를 방문하는 것이 필요하다.

항상 부정적인 결과나
최악의 상황만 떠올라요

균형 잡힌 시각

　최악만 씨는 차분하고 안정된 성격의 소유자다. 업무 스타일도 꼼꼼해서 좀처럼 실수하는 일이 없다. 그가 일에 한창 열중하는 모습을 본 사람들은 편안하고 믿음직스럽다고 입을 모은다.

　그런데 오늘 평소 그답지 않게 큰 실수를 저지르고 말았다. 거래처에서 갑자기 클레임이 들어왔는데, 아무 일도 하지 못한 채 그대로 얼어버린 것이다. 자신의 업무였음에도 수습을 하지 못하자 부서 선배 한 사람이 부랴부랴 발송 물량과 품질 상태 등을 확인한 다음 공장과 배송 업체 그리고 거래처 등을 오가며 진땀을 뺀 끝에 겨우 사태를 진정시킬 수 있었다.

그때까지도 그는 멈춰버린 자신의 머리와 두근거리는 가슴을 어쩌지 못하고 자리에 멍하니 앉아 있어야 했다. 불현듯 지난해에 있었던 비슷한 사고가 생각났다. 그때도 전혀 예상치 못한 사고였기에 너무 당황한 그를 대신해서 다른 사람이 사태를 수습한 적이 있었다.

'나는 왜 갑작스러운 일만 생기면 머릿속이 하얘지고 아무것도 할 수 없는 걸까?'

평상시 그가 보여준 차분하고 안정된 모습은 일의 결과를 예측하고 대비하는 남다른 습관 때문이었다. 그는 무슨 일을 하든 이 일이 어떤 결과를 가져올 것인지 모든 경우의 수를 생각해서 판단하는 버릇을 가지고 있었다.

하지만 그는 긍정적으로 예측하고 대비하는 게 아니라 부정적으로 예측하고 대비하는 데 익숙했다. 전혀 벌어지지 않을 돌발적인 사고, 발생 확률이 제로에 가까운 자연재해, 이런 것까지 모두 생각하다 보니 일이 잘될 가능성보다는 잘되지 않을 가능성이 더 커질 수밖에 없었다.

이렇게 부정적으로 예측하고 대비했음에도 결과가 괜찮다는 판단이 서거나 자신이 해결할 자신이 있는 경우, 또는 그 정도는 별일 아니라는 생각이 들었을 때라야 그는 자신감을 가지고 일을 시작했다. 이렇다 보니 그가 맡은 일의 결과

나를 지키는 심리학

가 좋지 않을 수가 없었다.

충분한 시간적 여유가 있다면, 매사 부정적인 결과를 먼저 생각하는 그의 습관이 오히려 장점이 될 수도 있겠지만, 오늘처럼 갑작스럽게 벌어진 돌발 상황 앞에서는 아무런 능력도 발휘되지를 못했다.

온갖 걱정거리를
짊어지고 사는 사람들

병원을 찾은 최악만 씨와 몇 차례 상담 치료를 하다 보니 그에게는 어린 시절 부모님으로부터 받은 부정적인 영향이 남아 있다는 걸 발견했다. 그의 부모님은 지나칠 정도로 걱정이 많은 성격이었다. 부모님의 이런 과도한 걱정 패턴은 자연스럽게 아들에게 전수되었다.

"엄마, 나 피아노 배우고 싶어."

"너 정말 피아노 계속할 수 있을 거 같니? 전에도 태권도 배우다 곧 그만뒀잖아?"

"아빠, 나 자전거 타고 싶은데, 사주면 안 돼?"

"자전거가 얼마나 비싼데 그래. 공부할 시간도 부족하다며 자전거는 언제 타려고?"

매사 이런 식이었다. 아들을 위해서 하는 말 같지만, 실은 안 되는 이유를 찾는 것과 다르지 않았다. 일어나지도 않은 일을 예단해서 걱정함으로써 미리 포기한다면 아무런 염려 없이 마음 놓고 시작할 수 있는 일이 별로 없었다. 어린아이에게는 참 어려운 일이었다.

최악의 상황을 가정해 조심스럽게 일을 진행하는 게 전혀 도움이 되지 않는다고는 할 수 없다. 가능성은 작지만 최악의 상황을 염두에 둠으로써 결과적으로 도움이 된 적도 있다.

그러나 부정적인 결과를 생각함으로써 일을 그르치지 않았다는 몇 번의 경험은 오히려 최악의 상황을 가정하는 패턴을 더욱 강화하도록 만들 뿐이었다. 그리고 항상 최악의 상황은 일어나지 않았다는 사실에 안도했다. 성인이 된 이후에도 그는 무슨 일만 하려면 시작하기도 전에 많은 스트레스를 받았다. 온갖 걱정거리를 등에 잔뜩 짊어지고 사는 사람 같았다.

'고속도로를 달리는 도중에 갑자기 자동차 타이어가 터지면 어떻게 하지?'

'공항에 도착했는데, 다른 사람 짐은 다 나오고 내 짐만 나오지 않으면 어쩌나.'

여행 한번 마음 편히 다녀오기가 힘들었다. 그러다 보니 그에게 주문 같은 게 생겼다.

'나에게는 예상치 못한 일이 생기면 안 돼. 당황하면 아무것도 할 수 없기 때문이야.'

나를 지키는 심리학

이런 이상한 주문은 그에게 점점 신앙심 비슷한 것으로 굳어져 갔다.

균형 잡힌 시각을
지니기 위한 방법

직장에서든 가정에서든 건강한 사람에게는 균형 잡힌 시각이 필요하다. 긍정적인 것만 바라보라는 게 아니다. 부정적인 결과를 그려봤다면, 그만큼 긍정적인 결과도 그려봐야 한다는 것이다. 처음에는 억지로 하지만, 꾸준히 하다 보면 자연스럽게 양쪽을 다 보게 된다.

인간의 뇌에는 신경가소성Neuroplasticity이 있다. 뇌가 외부환경의 양상이나 질에 따라 스스로 구조와 기능을 변화시키는 특성이다. 따라서 무언가를 반복적으로 경험하다 보면 뇌의 구조와 기능이 변하게 된다. 부정적으로 생각하는 부분과 반대쪽에 있는 긍정적으로 생각하는 부분을 자꾸 사용하다 보면 어느 순간부터 양쪽을 다 사용할 수 있게 되는 것이다.

최악의 경우만 생각할 때는 모든 일이 부겁고 힘겹게 받아들여지면서 갑작스레 생긴 일에 대처하기 어렵지만, 최선의 경우를 동시에 생각함으로써 균형 잡힌 시각을 갖게 되면 훨씬 가벼운 마음으로 일을 받아들이게 되고, 느닷없이 벌어진 일에도 유연하게 대처하게 된다.

균형 잡힌 시각을 갖기 위해서는 뭔가 고민이 생겼을 때 다음과 같은 순서로 하는 게 좋다.

1. 무슨 일이든 항상 최악의 상황만 가정할 게 아니라 최선의 결과도 함께 그려본다.
2. 매사 최악과 최선만 있는 게 아니다. 그 사이에 있는 다양한 결과도 두루 생각해본다.
3. 가능성이 가장 많은 상황이 뭔지 혹은 각 결과의 발생 확률은 얼마인지 추정해본다.
4. 최선의 결과를 얻기 위해서는 어떤 방법을 동원해야 하는지 찾아본다.
5. 결과가 예측대로 되었는지 확인해본다.

최악만 씨도 자신이 가정했던 최악의 상황이 실제로 일어난 경우는 극히 드물다는 사실을 알고 있었다. 하지만 최악의 상황이 일어나지 않으면 다행이라 생각해 곧 잊어버리고, 아주 가끔 최악의 상황이 일어날 경우, '역시나' 하면서 마음속 깊이 새겨두었다. 자신의 예감을 굳게 믿은 것이다.

이런 패턴에서 벗어나려면 걱정했던 상황의 결과를 자세히 비교하면서 최악의 상황이 일어나지 않는다는 걸 계속 확인하고, 비슷한 상황이 생겼을 때 과거에도 최악의 상황을

나를 지키는 심리학

떠올렸지만 그런 일이 없었다는 걸 정확히 확인하는 게 습관이 되어야 한다.

또 하나, 매일 '희망 일기'를 써보는 것도 좋은 방법이다. 누구나 걱정할 일은 생긴다. 그렇지만 최악만 씨처럼 항상 걱정거리를 등에 짊어지고 살지는 않는다. 그만큼 희망적인 일, 긍정적인 면도 동시에 생기기 때문이다. 다만 그걸 발견하지 못할 뿐이다.

자신에게 다가오는 희망의 불빛과 긍정의 메시지를 포착해서 누리는 훈련을 하는 것이 바로 '희망 일기' 쓰기다. 잠자리에 들기 전 내일 기대되는 일을 적거나 아침에 일어나 오늘 하루 긍정적인 결과가 예상되는 일을 적는다. 짧아도 괜찮다. 희망은 쓰면 쓸수록 재생산되는 화수분이다.

"어떤 일을 하기에 앞서 스스로 그 일에 대한 기대를 가져야 한다You have to expect things of yourself before you do them."

미국의 전설적인 농구 스타 마이클 조던이 한 말이다. 긍정적 시각으로 기대의 시간을 보낸 사람과 부정적 시각으로 걱정의 시간을 보낸 사람의 인생 결과가 얼마나 다를지는 보지 않아도 익히 알 수 있는 일이다.

혼자 있는 시간을
견딜 수 없어요

외로움과 고독 사이

나혼자 대리는 쾌활한 성격이다. 회사에서도 대인관계가 워낙 좋다 보니 인기가 많다. 퇴근 후는 물론 주말이나 휴가 때도 이 사람 저 사람을 만나고, 이 모임 저 모임에 참석하느라 쉴 틈이 없다. 말도 잘하고, 노래도 잘 부르고, 술도 잘 마시는 터라 그가 빠진 모임은 흥이 나질 않는다.

그런 나혼자 대리가 요즘 들어 지옥 같은 나날을 보내고 있다. 회사에서 재택근무를 결정했기 때문이다. 종일 집에서 일해야 하니 누굴 만난다거나 모여서 회식을 한다거나 할 수가 없게 된 것이다. 선선한 바람이 불기 시작하는 가을, 예년 같으면 몸이 두 개라도 모자랄 정도로 여기저기 기웃거리기

나를 지키는 심리학

바쁠 텐데 최근에는 한가하기 이를 데 없다. 동창들에게서도 전화 한 통 오지 않는다.

'아, 정말 혼자 있는 시간이 답답하고 불안하다. 이게 외로운 걸까, 두려운 걸까?'

사람들과 어울리는 걸 좋아하는 그로서는 아무런 약속 없이 한 주 두 주 흘려보내는 시간이 허무하고 무의미하게 느껴진다. 혼자 푸르른 가을 하늘을 바라보고 있으면 주르륵 눈물이 흘러내릴 때도 있다. 어떻게든 견뎌보려고 술을 마시다 보니 이제 매일 밤 술을 마시지 않으면 잠을 잘 수가 없다. 낮에는 그나마 일에 몰두하니까 괜찮은데 날이 어두워지면 마음 둘 데가 없어진다.

'언제쯤이나 출근할 수 있을까?'

그렇게 한 달쯤 지났을 무렵, 더는 버티기 어려워진 나혼자 대리는 자신의 마음에 단단히 병이 들었다는 걸 직감하고 집 근처에 있는 정신건강의학과를 찾아 전문의와 상담을 하기에 이르렀다.

상담 결과 나혼자 대리는 의존성 성격의 소유자였다. 어렸을 때부터 부모님과 떨어져 지내는 걸 견디지 못했다. 아빠나 엄마 중 한 사람이라도 자기 시야에 보여야 안심을 했다. 조금 자라 학교에 가게 되면서부터는 어쩔 수 없이 부모님과 떨어져 있는 시간이 생겼지만, 친구들이 있어 다행이었다. 친구들에게 의존하기 시작한 것이다. 친구들과 떨어져 지내야 하는 방학이 곤혹이었다.

대학을 마치고 직장 생활을 하게 된 후에는 직장 동료들이 자신의 의존적 성향을 채워주는 대상들이었다. 선배, 동료, 후배들과 한데 어울리는 시간이 마냥 즐거웠다. 그들이 자신과 함께 있는 시간을 즐거워하게 만들어야 했기에 누구보다 열심히 사람들과 잘 어울리려고 애를 썼다.

이렇게 의존성 성격을 가진 사람들은 자신의 마음을 바라보는 데 익숙하지 않다. 스스로 내면을 들여다보기 어려운 까닭에 현재 자신의 마음이 어떤 상태인지를 파악하기가 힘든 것이다.

외로운 걸까
고독한 걸까

나 혼자 대리는 외로운 걸까 아니면 고독한 걸까?

외로움Loneliness 은 타인에게서 고립Isolation되었을 때 느끼는 부정적인 감정이다. 타인과 연결되어 있지 못하고 세상에 나 홀로 떨어져 있다고 인식하는 정서다.

외로움은 심지어 타인과 함께 있을 때도 얼마든지 느낄 수 있다. 타인에게서 감정적으로 고립되었다고 생각할 때, 타인과 감정이 공유되지 못한 채 혼자서만 감정을 느끼고 있을 때 역시 외로움에 사로잡힐 수 있다.

반면 고독Solitude은 혼자 있을 때만 느낄 수 있는 긍정적인 감정이다. 오로지 자신에게만 집중할 수 있는 상태다. 타인이 아닌 자기에게 집중함으로써 내면의 목소리를 듣게 되는 과정이다.

혼자 있는 시간에 고독을 느끼기보다 외로움을 느끼는 사람들은 본인 내면의 목소리를 듣지 못하고, 자신의 감정을 알아차리기 어렵다. 자기 자신에 대해 피상적으로만 파악하고, 한 번도 스스로 내면을 깊게 바라본 경험이 없다 보니 타인을 깊게 이해하고 공감하는 일 또한 어려운 상태다.

인생은 누구나 홀로 왔다가 홀로 가게 마련이다. 단체로 왁자지껄하게 왔다가 단체로 분주히 짐을 꾸려 떠나는 사람은 아무도 없다. 가족도 친구도 회사 동료도 언제까지 내 곁에 머물지 않는다.

그들과 함께 있는 시간이 참 소중하지만, 그만큼 나 혼자 있는 시간도 소중하다. 내 옆에 아무도 없다고 외로움에 몸부림치는 게 아니라 나 혼자 있는 시간을 즐기며 충만한 고독을 느낄 줄 아는 게 행복한 인생이다. 깊은 고독 속에서 삶의 의미와 가치를 길어 올리는 것이 지혜다.

나를 괴롭히는
외로움에서 벗어나려면

외로움에서 벗어나 고독을 느끼려면 어떻게 해야 좋을까?

나혼자 대리 같은 경우 일기를 쓰는 것도 좋은 방법이다. 그날 경험했던 기억에 남는 일화 혹은 지금 막 떠오르는 생각을 부담 없이 써보는 것이다. 그때 내 기분이나 감정이 어땠는지 적어보고, 왜 그런 느낌이나 생각을 품게 되었는지 찾아보도록 한다. 이유를 찾지 못해도 괜찮다. 지금 오로지 내 마음에만 깊숙이 집중했다는 사실 자체가 중요하다. 큰 변화는 작은 변화로부터 시작되는 거니까.

일기를 쓰면서 자신의 감정을 들여다보는 게 어려운 사람도 있다. 그렇다면 나의 일대기를 정리해보는 것도 도움이 된다. 거창하지 않게, 소박한 자서전을 만든다고 생각하면 된다. 내가 살아온 길을 찬찬히 돌아보는 것이다. 그러면 나란 사람이 어떤 사람인지, 내가 왜 지금 이런 감정을 느끼는지를 이해하는 데 보탬이 된다. 정신건강의학과를 처음 찾아온 사람에게 자신의 어린 시절과 학창 생활을 떠올려보도록 권하고, 맨 먼저 이를 파악하는 것은 바로 이런 이유 때문이다.

"집에 돌아와 문을 닫고 실내가 어두워진 뒤 나는 혼자라고 절대 중얼대지 말라. 너는 혼자가 아니다. 너의 특별한 재능과 신이 네 안에 있다. 그들이 너를 알기 위해 무슨 불빛이 필요한가?"

고대 그리스 로마 철학자 에픽테토스가 한 말이다. 그는 노예 출신이었으나 이를 극복하고 후기 스토아학파의 대가가 되었다. 그가 외로움을 견디지 못했더라면 노예 신분을 벗어나지 못했을 것이다. 하지만 그는 자신 안에 있는 특별한 것들을 발견했다. 그 결과 그는 한 시대를 빛낸 현자가 될 수 있었다. 그가 자신 안에 있는 특별한 것들을 발견한 시간, 그것이 고독의 시간이었다.

혼자 있는 시간은 타인과의 관계가 끝나버린 단절의 시간이 아니다. 오히려 타인과의 성숙한 관계를 위해 더 많은 걸 준비할 수 있는 연결의 시간이다. 타인과 함께 있을 때는 관계에 관한 고민을 하기 어렵지만, 혼자 떨어져 있을 때는 비로소 관계에 대한 깊은 성찰이 가능해진다.

뭘 해도
행복하지가 않아요

당위적 사고 바꾸기

    얼마 전 한 취업 포털 사이트에서 조사한 바에 의하면 우리나라 직장인의 절반 가까이가 자신은 현재 행복하지 않다고 대답했다. 반면 행복하다고 대답한 사람은 10퍼센트도 채 되지 않았다.

    물론 경제가 어렵고 취업난이 심각하며 코로나 사태까지 터졌으니 직장에 다닐 수 있다는 것만으로도 감사하고 행복한 게 아니냐고 반문할 수 있겠지만, 그건 다른 차원의 문제다. 집에서 일하든 출근해서 근무하든 조직 생활과 업무에서 오는 중압감과 스트레스는 누구도 대신할 수 없기에, 회사 생각만 하면 우울해지면서 자신이 불행하다고 느끼는 사람들

나를 지키는 심리학

이 많을 수밖에 없는 것이다.

건설회사에 다니는 당연해 씨도 이런 사람들 가운데 하나다. 대기업이라 보수도 많고 복지도 잘 되어 있는 데다 함께 일하는 상사나 동료도 다 좋은 사람들이지만, 이상하리만큼 행복하지 않다. 퇴근 후 고등학교나 대학 친구들을 만나 볼링이나 당구를 치고 술 한잔 마시면 즐겁기는 하나, 그런 기분이 오래가지 않는다. 헤어져 집에 돌아오면 곧바로 우울해지든가 심각해진다.

'내가 언제쯤 행복하다고 느꼈었지?'

생각해보니 까마득하다. 남들은 좋은 대학을 나와 대기업에 다니는 자신을 보며 무슨 걱정이 있겠느냐면서 얼마나 행복하냐고 묻지만, 정작 본인은 쓴웃음만 지을 뿐 뭐라고 할 말이 없다.

'나는 왜 행복하지 않은 걸까?'

오늘도 당연해 씨는 퇴근해서 곧장 집으로 와 책을 읽거나 음악을 들으며 시간을 보내고 있다.

아냐 행복하지 않아 난
행복하지 않을 거야 난
너 보라고 아프라고
잘 지내지 말라고

너만 행복하지 말아줘

보란 듯이 웃지 말아줘

난 이렇게 울고 있는데

가수 김영근이 부른 '행복하지 않아'라는 노래다. 가사가 꼭 자신의 마음을 대변해주는 것 같았다.

뭘 해도 만족하지 못하는 사람들의 특징

행복은 주관적이다. 객관적이고 절대적인 행복은 없다. 어마어마한 부자가 불행하다고 느낄 수 있고, 빌어먹는 거지나 노숙인이 행복하다고 느낄 수 있다. 행복은 지금 자신이 처한 상황에 만족감을 느껴야 경험할 수 있는 감정이다. 행복하지 않다면 지금 내 상황에 만족하지 않는 것이다.

당연해 씨는 왜 만족하지 못하는 걸까?

만족하지 못하는 사람들의 특징은 당위적 사고가 많은 것이다. 당위적 사고란 '나는 당연히 그래야 한다'라고 생각하는 것이다. 매사 'have to'로만 사고하는 방식이다. 의무적으로 뭔가 해야 할 때, 누군가에게 강하게 충고할 때, 어떤 일에 확신을 가질 때 '~ 해야 한다'라는 말을 한다.

그런데 만족할 줄 모르는 사람들은 언제든 '나는 ~ 해야 한다'라는 말을 하고 실제로 그렇게 생각한다. 열심히 공부한 결과 100점을 받는다면 행복한 일이지만, 그렇지 않더라도 최선을 다한 결과이기에 만족할 줄 알아야 하는데, 이런 사람은 그렇게 받아들이지를 못한다. 100점을 받아야만 하고, 100점을 받는 게 당연한 일이기 때문이다. 따라서 100점을 받아도 기쁘거나 행복하지 않다. 당연한 결과가 나왔는데, 뭐가 기쁘고 행복하냐는 투다. 겨우 안도감 정도를 느낄 뿐이다.

당연해 씨도 마찬가지다. 당위적 사고를 하는 스타일이다. 원하는 대학에 합격했을 때나 바라던 회사에 취직했을 때도 행복한 감정은 잠시뿐, 당연한 결과라는 생각에 이내 평상심으로 돌아갔다. 주어진 업무를 잘 처리해 좋은 결과가 나왔을 때도, 자신이 속한 팀이 우수한 실적으로 목표를 달성해 보너스를 받았을 때도 너무나 당연하다는 생각에 그저 무덤덤하게 받아들였을 뿐이다.

그러나 이것이 어떻게 당연한 일이겠는가? 오래 땀 흘려 노력한 결과이고 힘들게 이뤄낸 인내의 소산이기에 감사할 줄 알고 행복할 줄 알아야 정상적인 감정을 지닌 사람 아니겠는가?

일상의 언어를
희망적인 언어로

이런 부류에 속한 사람은 희망과 당위를 구분할 줄 알아야 한다. 먼저 말버릇부터 고치는 게 좋다.

"나는 그 일을 잘해야 해."

"이번에 운동해서 꼭 살을 빼야만 해."

"주말에 시간을 알차게 보내야 해."

이렇게 당위적 언어를 사용해 자신을 다그치면서 결과를 당연시하면 안 된다.

"나는 그 일을 잘했으면 좋겠어."

"이번에 운동해서 살을 빼고 싶어."

"주말에도 시간을 알차게 보냈으면 좋겠다."

이런 식으로 희망이 담긴 언어를 사용하는 것이다. 희망은 이루어졌을 때 감격을 안겨 준다.

다음으로 매일매일 '만족 일기' 또는 '감사 일기'를 써보는 것도 괜찮은 방법이다. 그날 있었던 일 중에서 만족할 만한 혹은 감사할 만한 일을 찾아 자기 손으로 적어보는 것이다. 특별한 일이 아니어도 상관없다. 사소한 일에서 만족과 감사와 행복의 요소를 발견하는 훈련을 하는 시간이다.

"유난히 쾌청하고 맑은 가을 날씨가 참 좋았다."

"오늘은 출퇴근 길에 차가 막히지 않아서 정말 감사했다."

나를 지키는 심리학

"낮에 김 과장님이 사주신 카페라테 한 잔이 아주 맛있고 달콤했다."

이처럼 간단하게라도 자신의 솔직한 감정을 드러내 표현하는 건 매우 중요한 일이다. 감정은 드러내고 표현할 때만 의미가 된다. 내 삶이 의미 있고 가치 있는 것들로 채워지려면 내 감정을 잘 드러내고 정확히 표현해야 한다.

세상에 당연한 건 없다. 희망을 이루었을 때 마음껏 감사하고 감격하라. 그것이 인생을 멋지게 사는 비결이다. 행복은 표현하는 사람에게 더 많이 찾아온다.

밤만 되면 알 수 없는
감정이 밀려와요

내 감정과 친해지는 법

조 차장은 부서 내에서 감정 조절을 잘하기로 소문난 사람이다. 흥분할 만한 일이 생겨도 좀처럼 들뜨지 않고 차분하게 대응해서 상황을 마무리하고, 기분이 상할 만한 좋지 않은 일을 맞닥뜨려도 내색하지 않고 이성적으로 대처해서 일을 매듭짓는다. 누가 뭐라 해도, 무슨 일이 벌어져도 놀라거나 맞대응하지 않는 냉철한 사람이다. 그런 조 차장을 부러워하고 따르는 후배들이 많다. 감정 조절을 잘하지 못해 상사에게 꾸지람을 듣거나 낭패를 당한 적이 있는 사람들이다.

주변에서 보기에는 조 차장이 이렇듯 감정 조절을 잘하는 것 같지만, 정작 본인은 그렇지 않다. 낮에는 누구보다 정신

나를 지키는 심리학

력이 강한 사람인 듯 보였으나 퇴근하고 어둠이 드리우면 쌓아두었던 감정의 찌꺼기들이 한꺼번에 몰려들어 마음을 어지럽힌다. 화를 내지 않고 꾹 눌러 참았던 감정, 마음껏 호탕하게 웃어넘기지 못했던 감정, 마음을 다해 공감하고 위로해주지 못했던 감정, 상사의 칭찬과 격려에 흔쾌히 감사를 표하지 못했던 감정 등이 밀물처럼 올라온다. 이런 날은 비 맞은 것처럼 몸까지 축 처진다. 술을 마시면서 자신의 감정을 복기하지 않으면 잠이 오지 않는다.

'이미 지난 일인데, 자꾸 생각하면 뭐해?'

술을 마시면서 감정의 기억을 떨쳐버리려 애쓰지만, 그럴수록 기억은 더욱 또렷해진다.

심지어 어떤 날은 저녁때 기분이 좋지 않아 술을 마시는데, 갑자기 이런 생각이 들었다.

'지금 내가 왜 기분이 안 좋은 거지?'

현재 자신의 감정이 어떤 상태인지조차 분명히 인지하지 못하게 된 것이다.

조 차장이 왜 이렇게 된 것일까?

그는 감정보다는 이성이 중요하다면서 늘 자신의 감정을 등한시했다. 어렸을 때의 일이다.

"자신의 감정을 드러내면 안 되는 거야. 다른 사람에게 얕잡아 보이거나 약하게 보일 수 있어."

부모님은 자신에게 기회 있을 때마다 이렇게 가르쳤다. 화를 내고, 짜증을 부리고, 파안대소하고, 눈물 흘리는 것은 나약한 사람이나 하는 행동이라고 타일렀다. 그는 자연스럽게 그렇게 길들여졌다. 강한 사람이 되려면 감정을 숨겨야 하는 거라고 믿은 것이다. 학교 다닐 때는 물론 사회생활을 하면서도 이런 생각은 변함이 없었다. 그사이 그의 생각은 확고한 태도로 굳어졌다.

포커페이스Poker Face. 아무 감정도 표출하지 않는 무표정한 상태를 이르는 단어다. 포커할 때, 자신이 가진 패의 좋고 나쁨을 상대편이 눈치채지 못하도록 표정을 바꾸지 않는 데서 유래했다. 조 차장은 자신이 포커페이스가 아닐까 생각했다. 그러나 밤만 되면 낮에 등한시했던 감정이 밀려와 번민의 밤을 보내야 하는 자신을 막연히 포커페이스라고 할 수만은 없을 것 같았다.

조 차장은 최근 상사에게 계속 핀잔을 받았다. 그러면서도 동료나 후배들 앞에서는 대수롭지 않다는 듯 행동했다. 이후 배가 계속 아팠다. 병원에 가서 검사를 받아도 아무 이상이 없었다. 약을 지어 먹었지만, 좋아지지 않았다. 주말에는 좀 나아지는데, 일요일 저녁부터 다시 아팠다. 월요일 출근해서 직장 사람들을 다시 만나야 한다는 게 부담스럽고 스트레스가 되기 때문이었다.

나를 지키는 심리학

억압과 억제,
두 방어기제의 차이

어렵사리 진료실 문을 두드린 조 차장의 사연을 듣고 안타까운 마음이 들었다. 홀로 얼마나 힘겨운 시간을 보냈을까 하는 마음에서다. 쓸모없는 감정은 없다. 우울, 불안, 분노, 짜증 그 어떠한 것도 쓸모없는 게 아니다. 현재 상황과 과거 상황이 만들어내는 자연스러운 결과물이다.

방어기제Defense Mechanism란 자아가 위협받는 상황에서 감정적 상처로부터 자신을 보호하는 심리 의식이나 행위를 가리키는 정신분석 용어다. 방어기제 중에 억압Repression과 억제Suppression라는 게 있는데, 두 방어기제 모두 감정을 억누르는 것은 같지만, 분명한 차이가 있다.

억압은 감정을 의식하지 못한 채로 억누르는 것이고, 억제는 감정을 의식한 후에 억누르는 것이다. 억압은 미성숙한 방어기제이고, 억제는 억압에 비해 성숙한 방어기제라고 할 수 있다.

감정을 의식하지 못한 채 억누르기만 하는 사람에게서는 감정을 처리하지 못하다 보니 신체화 증상(내과적 이상이 없는데도 다양한 신체적 증상을 반복적으로 호소하는 상태)이나 중독, 식이장애가 자주 관찰된다. 불편한 감정들을 제때 적절하게 해결하지 못함으로써 신체 질병에 걸리기 쉽다. 마음속에 켜켜이 쌓아둔 감정의 앙금이 몸의 어딘가에 이상증세로 나타나게 되는 것이다.

내 감정을 알아채고
다스린다는 것

아이들은 자신의 감정을 잘 처리하지 못한다. 심지어 자신의 감정이 어떠한지 이해하지도 못하는 경우가 많다. 이럴 때는 부모가 도와줘야 한다. 감정을 잘 다스리고 조절하는 아이로 성장하려면 부모의 역할이 무엇보다 중요하다. 감정을 잘 처리해주는 부모를 보면, 공통점이 발견된다.

먼저 아이의 감정을 알아주고, 아이에게 알려주는 것이다.

"철수야, 지금 화났어?"

"영희야, 지금 불안하구나?"

이렇게 잘 알아주면 아이는 자신의 감정에 집중하고 표현하게 된다.

다음은 아이의 감정을 인정해주는 것이다.

"그래, 화날 만하구나. 화나도 괜찮아."

"이래서 불안했구나? 맞아, 나라도 그랬을 거야."

마지막으로 아이를 안심시켜 주는 것이다.

"엄마 아빠가 옆에 있으니까 괜찮아. 안심해도 돼."

"이런 건 이렇게 하면 되니까 곧 마음이 나아질 거야."

나를 지키는 심리학

이렇게 '인지-인정-안심'의 세 단계로 아이의 감정을 다스리는 연습을 매일같이 해야 한다.

　어른도 마찬가지다. 다양한 자신의 감정을 똑바로 인지하고, 그 감정을 쓸데없는 것으로 치부하지 말고 있는 그대로 인정하며, 불안과 두려움으로부터 자신의 마음을 안정적으로 다스려 안심할 수 있도록 조절하면 어떤 감정이 생기든 쌓아두지 않고 적절히 해소할 수 있게 된다.

　위 사례에서 조 차장도 자신의 감정을 인지하지 못하고 인정하지 않으니까 안심의 단계로 나아가지 못한 채 항상 불안과 두려움, 불편함과 스트레스에 갇혀 살아갈 수밖에 없는 것이다.

　감정은 없애야 할 대상이 아니라 제대로 알아주고 다스리는 것임을 명심해야 한다. 내 감정을 더 잘 이해해주고 친해지는 것, 이것이 바로 자신을 존중하고 사랑하는 방법이다.

걱정이 너무 많아서
걱정이에요

걱정 조절하기

대기업에 다니는 노 과장은 요즘 걱정이 태산이다. 포스트 코로나 시대에 맞춰 회사에서 대대적인 구조 개편과 부서 이동이 이루어지고 있기 때문이다. 미래가 불투명한 사업 부문을 아예 접고, 새로운 사업 부문을 신설하는 등 규모가 방대한 개편이라서 어떤 일을 어떻게 담당하게 될지 전혀 알 수가 없는 상황이다. 누구에게 물어볼 데도 없어 그저 뚜껑이 열리기만 기다려야 한다.

'내 전공이나 경력과 전혀 무관한 신사업 부문으로 발령이 나면 어떻게 하지?'

'낯선 환경과 낯선 사람들 틈에서 과연 잘 적응해 나갈 수

있을까?'

'새로 만들어지는 부서라면 인수인계는 누구한테 받아야 하는 거야?'

그렇다고 불황과 불확실성이 극에 달한 요즘 안전하고 편안한 다른 회사로 전직하기도 쉽지 않은 게 현실이다. 아내도 어려운 때일수록 딴 데 눈 돌리지 말고 회사에 잘 붙어 있으라며 기회 있을 때마다 잔소리다. 집에 가면 아내 눈치 보느라 신경 쓰이고, 직장에 가면 앞으로 어떻게 될까 걱정하느라 마음 편할 날이 없다. 답이 없다는 걸 잘 알지만, 걱정은 꼬리에 꼬리를 문다.

그러다 보니 요즘 노 과장은 업무 집중도가 현저히 떨어지면서 일에 능률도 잘 오르지 않는다. 이러다가 구조 개편과 부서 이동이 이루어지는 사이 아예 자리에서 밀려나는 건 아닌지 걱정이다. 밤에도 이런저런 걱정이 밀려와 잠을 이루지 못할 때가 많다. 주말만큼이라도 회사 걱정을 내려놓고 편히 쉬면 좋으련만 예민한 성격의 노 과장은 주말 동안에도 내내 걱정을 달고 산다.

'내가 왜 이렇게 걱정을 사서 하는 걸까?'

생각해보니 노 과장은 언제나 옆구리에 걱정 주머니를 차고 살아온 것 같다는 생각이 들었다. 항상 걱정할 일이 있었다. 학창 시절이나 사회생활 초창기는 물론 군대에 있을 때도 늘 걱정이 넘쳐났다. 사소한 것이든 중대한 것이든 걱정이 없으면, 걱정거리가 없다는 사실이 걱정스러웠다.

걱정의 대부분은
쓸모없는 걱정이다

노 과장처럼 걱정이 많은 사람들의 특징 중 하나는 걱정을 하는 게 도움이 될 거라고 생각하는 것이다. 내가 걱정하는 만큼 뭔가 해결책이 나올 것이고, 그러는 사이 문제가 해소되거나 혹은 문제의 무게감이 조금은 가벼워질 거라고 막연한 기대감을 갖는다. 그러나 이것은 사실이 아니다.

미국의 심리학자 어닌 젤린스키는 재미있는 실험을 했다. 사람들이 하는 걱정의 유형을 분석한 것이다. 결과는 놀라웠다. 우리가 하는 걱정 대부분이 쓸모없는 걱정이라는 게 드러난 것이다. 그의 말에 따르면 걱정의 40퍼센트는 절대 현실에서 일어나지 않는다. 30퍼센트는 이미 일어난 일에 대한 것이며, 22퍼센트는 신경 쓰지 않아도 될 만큼 사소한 것이다. 그리고 나머지 4퍼센트는 우리 힘으로 어쩔 도리가 없는 일에 대한 것이다. 아무리 걱정해도 도저히 해결되지 않는 문제다.

다시 말해, 고작 4퍼센트만이 우리가 걱정함으로써 해결할 수 있는 문제라는 이야기다. 걱정한 만큼 해결에 이를 수

나를 지키는 심리학

있는 4퍼센트를 위해 절대로 일어나지 않을 일, 이미 일어난 일, 사소한 일, 결코 바꿀 수 없는 일인 96퍼센트의 걱정거리를 짊어지고 살아가는 셈이다. 얼마나 허무하고 어리석은 일인가.

걱정을 계속하다 보면 내 걱정이 그렇게 쓸모없는 거였구나 하고 학습이 될 법도 한데, 그렇지 않다. 지나간 걱정을 돌아보고 성찰할 겨를도 없이 어느새 새로운 걱정이 불쑥 다가오기 때문이다. 걱정했던 일이 혹시라도 현실에서 일어나면 자신의 걱정에 대해 정당성을 부여한다.

'역시 내가 걱정하던 대로 되고 말았어. 미리 걱정하지 않았더라면 더 충격을 받았을 거야.'

반면에 걱정했던 일이 실제로 벌어지지 않으면 별일 아니라는 듯 그냥 자연스럽게 넘어간다.

'걱정했는데, 다행히 그대로 되지는 않았네.'

일상에서 자연스레 생기는
걱정을 줄이는 법

노 과장같이 걱정이 많은 사람은 걱정을 조절하기 위한 구체적인 행동에 들어가야 한다.

맨 먼저 하루 한 시간 정도 한 공간에서 '걱정 일기'를 써보는 것이 좋다. 노트를 한 권 마련해서 하루 동안 있었던 걱정거리를 상세히 기록하는 것이다. 수시로 걱정거리를 달고 살던 생활 습관에서 벗어나 정해진 시간에 정해진 장소에서만 걱정하는 훈련을 하는 것이다. 걱정 시간은 되도록 잠자리에 드는 시간에서 멀수록 좋다. 걱정하다가 바로 잠자리에 들면 걱정이 이어져 수면을 방해할 가능성이 크기 때문이다.

걱정하는 장소도 수면이나 일과 관련이 없는 곳이어야 한다. 침실이나 일터는 걱정 장소로 적합하지 않다. 걱정할 시간이 아닌데, 걱정거리가 떠오르면 단어만 적어두고 구체적인 걱정은 정해진 시간에 하는 것으로 미룬다. 중요한 것은 걱정거리가 떠올랐을 때 외면하면서 걱정하지 않으려고 노력하는 게 아니라 걱정거리가 떠오를 때마다 나중에 걱정하기로 미뤄두는 것이다.

백곰효과White Bear Effect라는 게 있다. 1987년 하버드대학교 사회심리학자인 대니얼 웨그너 교수는 독특한 심리실험을 실시했다. 그는 학생을 두 그룹으로 나눠 A그룹에게는 흰곰을 생각하라고 지시하고, B그룹에게는 흰곰을 생각하지 말라고 지시했다. 그리고 학생들에게 흰곰이 떠오를 때마다 종을 치라고 일러두었다. 종을 친 횟수가 많은 그룹은 어느 쪽이었을까? 의외로 흰곰을 생각하지 말라는 지시를 받은 B그룹이었다. 이 같은 심리현상을 '백곰효과'라고 한다. 특정 생각이나 욕구를 억누르려 하면 할수록 그것이 자꾸 떠오르면

나를 지키는 심리학

서 하게 되는 효과다. 다른 말로 '사고 억제의 역설적 효과'라고도 한다. 이처럼 걱정을 하지 않으려고 노력하면 할수록 더 걱정거리가 떠오를 수 있기 때문에 걱정을 하지 않는 게 아니라 미리 정해둔 걱정 시간으로 잠시 미루는 것이 효과적이다. 이렇게 반복하다 보면 자신의 걱정을 스스로 통제할 수 있을 정도로 생활 습관이 바뀌게 된다.

생활 습관이 변화하면, 걱정하는 시간과 장소를 본인이 통제할 수 있게 되면서 나머지 시간에 업무나 취미나 여가활동 등 자신이 하고 싶은 일에 집중할 수 있게 된다. 처음에 걱정 일기를 쓸 때는 한 시간이 부족할 수도 있으나, 나중에는 한 시간 동안 걱정거리와 씨름하고 있는 게 낭비라는 생각이 든다. 걱정을 미루고 통제하고 조절하는 게 몸에 밴 것이다. 거기서 만족하고 마는 게 아니라 조금 더 지나면 걱정을 달고 살았던 지난날을 가만히 되돌아보는 단계에 이르게 된다.

'그때 내가 왜 그렇게 걱정을 했을까?'

점점 걱정하는 시간이 아깝다는 생각이 든다. 실제로 걱정했던 일이 일어나지 않는 걸 확인할 수 있다. 자신이 작성한 걱정 일기를 보면서 이게 걱정할 만한 게 아니었다는 걸 깨닫는다. 비로소 자신을 짓눌러 왔던 걱정의 늪에서 빠져나와 걱정 없는 세상의 자유로운 영혼이 되는 것이다.

완벽하지 못한 내가
마음에 안 들어요

거울 자아

"민 팀장, 오늘 발표한 기획안 아주 좋았어. 기대가 커. 잘해보라고."

회의실 문을 나서는데, 조 이사의 칭찬이 이어졌다. 민 팀장은 민망하고 쑥스러운 표정으로 어쩔 줄 몰랐다.

"이거 민 팀장 거래처지? 계약 내용을 위반했다고 소송이 들어왔어. 무슨 일을 이렇게 해?"

며칠 뒤 갑자기 나타난 황 부장이 민 팀장에게 다가와 호통을 쳤다. 계약서 내용을 잘못 해석해 엉뚱한 조치를 한 것이다. 거래처에서 소송이 들어왔다니 보통 일이 아니었다. 황 부장의 얼굴은 벌겋게 상기되어 있었다. 반면 된통 야단을 맞

나를 지키는 심리학

고 있는 민 팀장 얼굴은 씩씩한 얼굴이었다. 기분이 좋은 듯했다. 사고 처리로 정신없는 하루를 보내면서도 민 팀장은 기운이 넘쳐났다.

민망한 팀장. 그는 칭찬과 격려가 어색한 사람이다. 누군가 자신에게 칭찬과 격려를 보내면 몸에 맞지 않는 옷을 입은 듯 거북하다. 오히려 꾸중을 듣고 비난을 받는 게 더 편하다. 누군가 자신을 비난하고 야단치면 더 발전할 수 있을 것 같고 기분이 좋고 힘이 난다.

사실 그는 항상 곤두서 있다. 만족을 모르기 때문이다. 인사고과에서도 S등급이 아니면 만족하지 않는다. 상당히 괜찮은 평가를 받았음에도 언제나 자신이 부족하다고 생각한다. 주변에서는 그 정도면 된 거 아니냐고 하지만, 그는 어떻게 하든지 결점이나 모자란 점을 찾아내고야 만다.

관계에서도 만족이 없다. 상대방이 자신에게 조금만 불편한 내색을 보여도 자신에게 무슨 문제가 있는지를 찾아내고자 혈안이 되고, 상대방에게 최선을 다하지 못했다는 생각에 아쉬워한다.

이런 그가 변해야겠다고 생각한 건 최근에 부쩍 큰 아이를 대하면서다. 말도 야무지게 하고 호기심도 왕성한 딸아이는 아빠가 퇴근하고 집에 들어오면 졸졸 따라다니며 말을 붙인다. 낮에 있었던 일을 자랑하기도 한다. 잘 들어주면서 마음껏 칭찬해주고 싶은데, 이게 잘되지를 않는다.

"오, 그랬어? 잘했네. 그런데 옷이 왜 이래? 지저분한 거 묻히고 다니면 안 된다고 그랬지?"

칭찬하려다 말고 늘 야단치거나 비난하는 걸로 마무리한다. 지적하고 싶지 않지만, 눈에 띄는 걸 말하지 않을 도리가 없다. 이러면 안 된다는 생각이 드는데도 말과 행동이 따라주질 않는다.

"여보, 당신 정말 너무 하는 거 아냐? 왜 자꾸 애한테 잘못을 지적하면서 꾸중만 하는 거야?"

"미안해……. 그러지 않으려고 했는데도 그만……."

아내는 민 팀장이 그럴 때마다 왜 그러냐며 타박한다.

'너무 아이한테 완벽을 강요하는 것 같아. 변해야 할 텐데, 어떻게 변해야 할까?'

민 팀장은 고민이 많다. 퇴근 시간만 되면 걱정이다. 어떻게 변해야 할지 머릿속이 복잡하다.

타인의 목소리가
나에게 있을 수 있다

그는 왜 이렇게 된 걸까?

사회심리학 이론 중 '거울 자아Looking Glass Self'라는 개념이 있다. 거울 속에 비친 자신을 보는 것처럼 다른 사람들이 바

나를 지키는 심리학

라보는 내 모습 또는 다른 사람들이 나에게 기대한다고 생각하는 모습을 내 모습이라고 인식하는 것을 의미한다.

이와 관련해 한 가지 재미있는 실험을 소개하겠다. 핼러윈 축제 때 바구니에 사탕을 가득 담아놓은 뒤 집주인인 어른이 아이들에게 하나씩 가져가라고 말한 후 자리를 비웠다. 이때 입구에 거울이 있는 방의 아이들은 사탕을 하나씩만 가져갔는데, 거울이 없는 방의 아이들은 두 개 이상씩 집어갔다. 왜 이렇게 다른 결과가 나타난 것일까?

거울이 있을 때는 거울에 비친 자신의 모습을 확인한 것만으로 자아를 인식해 집주인이 자기한테 기대한 대로 하나씩만 가져갔지만, 거울이 없을 때는 자아를 인식하지 못하므로 내키는 대로 행동한 것이다. 이처럼 사람은 어렸을 때부터 의미 있는 타인의 목소리를 내 것으로 인지하면서 살아가게 된다.

민망한 팀장의 기억 속에는 어린 시절 부친의 목소리가 저장되어 있었다. 그의 아버지는 매사 엄격한 잣대를 가진 완벽주의자였다. 퇴근하고 집에 들어왔을 때 집 안이 지저분하면 하나하나 지적하면서 못마땅해했다. 기분 좋게 해드리려고 엄마와 함께 모처럼 깨끗이 청소했는데도 어떻게 알았는지 미처 손대지 못한 구석을 족집게처럼 찾아내 지적하곤 했다. 그야말로 대책이 없었다.

"청소하느라 고생했는데…… 여긴 안 보였니? 이런 구석까지 잘 닦아야 하는 거야."

축구를 좋아하던 민 팀장은 아버지의 칭찬을 기대하며 마당에서 공놀이하는 모습을 보여드렸다. 학교 체육 시간에 축구를 하면 골잡이로 활약할 정도로 나름 실력을 인정받는 수준이었다.

"잘하기는 하는데…… 취미로만 해라. 선수가 될 정도는 아니다."

이런 식으로 아버지는 기를 죽이거나 주눅이 들게 만드는 핀잔과 잔소리를 입에 달고 살았다.

아버지의 이 같은 완벽주의는 아들인 민 팀장에게 그대로 전수되었다. 무슨 말을 하든 어떤 행동을 하든 거울 속에 아버지가 보였다.

"그렇게 하면 안 되지."

"그건 네가 잘못한 거야."

"고작 그 정도밖에 하지 못하냐?

이런 목소리가 들렸다. 그것은 곧 아버지의 엄격한 주문과 같았다.

나를 지키는 심리학

타인의 목소리에서
빠져나오려면

민 팀장이 아버지의 주문에서 놓여나려면 어떻게 해야 할까?

결국 민 팀장 스스로 아버지의 목소리를 내고 있다는 걸 인지해야 한다.

'아, 내가 예전에 아버지가 나한테 했던 방식 그대로 나 자신을 대하고 있구나.'

그런 다음 힘들었던 과거의 어린 나에게 위로를 보낸다. 20년 전의 민 팀장에게 편지를 써보는 것도 좋은 방법이다. 어른이 된 내가 어렸을 때의 나를 찾아가는 것이다.

매일 거울을 보며 자신에게 한 가지씩 칭찬을 건네는 것도 괜찮은 처방이다. 중요한 것은 딱 한 마디만 하고 거기서 끝내야 한다는 점이다. 가령, "헤어스타일이 참 멋지다" 정도면 충분하다. 길어지면 길어질수록 핀잔과 잔소리가 뒤따른다. "헤어스타일이 참 멋지다. 그런데 머리가 좀 커 보이는 것 같기도 해." 마침내 이렇게 되고 만다.

비난이 편한 사람들에게 자신의 장점을 물어보면 대부분 잘 이야기하다가 삼천포로 빠진다. "…… 그렇지만 이런 장점을 다른 각도에서 보면……." 어느새 장점이 단점으로 바뀌어버린다. 완벽한 걸 찾자는 게 아니다. 완벽하지 않더라도 자신의 말과 행동 나아가 자신의 삶에 대해 만족하는 연습을 하는 것이다. 완벽하지 않은 장점일수록 더 좋다.

자기 자신을 평가하기 위한 현실적인 기준을 세우는 것도 필요하다. 100퍼센트 완벽한 상태를 기준으로 세우기도 하고, 자신보다 월등히 뛰어난 대상을 두고 비교하기 때문에 힘들 수밖에 없다. 취미로 조기축구회에 가입해놓고 손흥민 선수 정도의 실력을 기대할 수는 없는 노릇이다. 완벽주의자인 부모들이 흔히 동생을 형이나 언니하고 비교하곤 하는데, 이는 바람직하지 않다. 어렸을 때 두세 살은 엄청난 차이다. 이런 차이를 무시하고 단순 비교하는 것은 상처를 주는 일이다.

관계의 변화도 요구된다. 비난하는 사람보다 칭찬하는 사람을 가까이해야 한다. 칭찬보다 비난이 편해 자신을 비난하는 사람만 가까이하며 살았을 경우 주변에 온통 비난하는 사람으로 가득할 수도 있다. 이런 사람들을 멀리하고 될 수 있으면 칭찬과 격려가 습관이 된 사람들을 만나는 게 좋다. 칭찬은 고래도 춤추게 하지만, 비난은 봄날에 솟아난 파릇한 새싹도 시들게 한다. 인생은 칭찬을 먹고 자라는 나무와 같다. 비난과 손가락질 속에서는 성숙한 자아가 형성되기 어렵다.

어떻게 보면 민 팀장은 자신에 대한 아버지의 기대가 비현실적으로 높았다고 할 수 있다. 자신도 실제 본인의 능력보다 자기를 더 대단한 사람으로 오해하고 있던 것일 수도 있다. 내 기대보다 혹은 부모의 기대보다 내가 더 부족한 사람

　　　　　　　　　　　　나를 지키는 심리학

이라는 걸 인정하는 게 불편해서 계속 자신을 비난하는 것이다. 성장 과정에서 부족한 내 모습을 이해하고 이런 모습마저도 사랑해줘야 하는데, 그런 성장이 멈춰져 있던 탓이다.

나를 평가하는 데 있어, 아직 나는 어린아이에 불과하다. 어린아이 대하듯이 자신을 대하는 게 필요하다. 스스로 부족하다는 걸 깨달았다면 이제는 자기비난이 아니라 자기 연민이 필요할 때다. 자기 연민Self Compassion이란 자신을 존중하고 사랑하는 것이다. 부족하지만, 최선을 다하느라 오늘도 수고한 자기 자신에게 힘찬 응원의 메시지를 전해보자.

Part 4

스트레스와 불안으로부터 나를 지키는 연습

그럼에도 내 마음이
가장 소중합니다

나를
지키는
심리학

습관적으로
일을 자꾸만 미뤄요

능동적으로 미루기

일을 시작하려고 책상 앞에 앉았다. 오늘 할 일을 생각하다가 문득 설거지를 안 한 게 떠올랐다. 주방으로 가서 아침 먹고 난 그릇을 설거지했다. 이제 일해야지 마음먹고 뜨거운 커피 한 잔을 타서 책상으로 갔다. 지난주 미처 하지 못했던 빨래가 머리를 스치고 지나갔다. 다시 나가 세탁기를 돌렸다. 내친김에 손빨래도 몇 가지 했다. 베란다에 빨래를 다 널어놓고 나니 속이 후련했다.

점심때가 다 됐다. 이제 정말 일해야 해, 다짐하고 의자를 당겨서 앉았다. 전화벨이 울렸다.

"어머, 미영이구나? 너무 오랜만이다. 잘 지내지? 진짜 밥 한번 먹어야 하는데…….”

오랜만에 전화한 친구와 지난 이야기를 풀어놓다 보니 한 시간 가까이 수다를 떨었다.

점심을 먹고 나서 다시 책상 앞으로 갔다. 오후에 할 일을 생각하다가 절로 한숨이 나왔다.

'휴, 나는 왜 이렇게 규칙적으로 일하지 못하고 자꾸만 뒤로 미루는 걸까?'

일을 미루는 게 습관이 된 자신이 한심스러운 내일해 씨는 몇 달째 재택근무 중이다. 회사에 출근해서 일할 때도 그랬지만, 집에서 근무하면서 일을 미루는 버릇이 더 심해진 것 같았다.

회사에서 일하던 시절을 떠올려봤다. 그때도 다른 팀에 보내야 할 기획안 PPT 작업을 미리미리 해두지 않고 자꾸 미루다가 당일 오후에서야 부랴부랴 완성하느라 난리를 피웠던 기억이 났다. 일정을 정해 조금씩 업무를 처리해두면 그렇게 서두르지 않아도 되는데, 내일해 씨는 시간 있을 때 괜히 딴 짓하다가 꼭 마감 시간이 임박해서야 일에 몰두하는 게 몸에 밴 사람이었다.

'차근차근 일했으면 더 좋지 않았을까? 아니야, 그래도 결과가 나쁘지 않았으니까 괜찮아.'

그녀는 미루는 습관을 고쳐야겠다고 생각하면서도, 급한

나를 지키는 심리학

일을 끝내고 나면 언제 그랬냐는 듯 스스로 자신을 다독이며 이렇게 위로했다. 뜻밖으로 일을 뒤로 미룸으로써 큰 사고가 난 경험은 아직 없었다. 일의 결과도 그다지 나쁘지 않았다. 그러다 보니 그녀의 습관은 고쳐지지 않았다.

자꾸만 일을 미루는
진짜 이유

내일해 씨처럼 자꾸만 일을 뒤로 미루는 사람들에게는 두 가지 특징이 있다.

첫째는 완벽주의 성향이 강한 경우다. 이런 사람들은 일을 완벽하게 해낸 것과 완벽하게 해내지 못한 것으로 구분해서 평가한다. 흑백논리를 판단 기준으로 삼는다. 아무리 최선을 다했다 해도 결과가 완벽하지 않다고 생각되면 아무런 의미가 없다고 판단한다. 과정은 중요치 않다. 완벽한 결과만이 중요하다.

그렇다 보니 완벽하지 않은 결과를 만들어낸 자신을 용납할 수 없다. 끝없이 자신을 채찍질하고 비난한다. 자신이 설정해놓은 기준치가 워낙 높아서 뛰어난 실력을 갖추고 있음에도 결과가 번번이 만족스럽지 않다. 다른 사람들은 잘했다고 칭찬하지만, 그런 말들이 오히려 자신을 비난하는 것처럼 들린다. 100점이 아니면 99점이나 90점이나 0점과 진배없다. 똑같은 실패일뿐이다. 이렇게 매사 실패했다고 생각하면서 자기비난을 하게 되면 뭔가 새로 일을 시작하기 어렵다. 실패에 대한 두려움 때문이다. 자연스럽게 일을 번번이 뒤로 미루게 된다.

둘째는 목표만 있고 목적은 없는 경우다. 보다 가치 있는 목적을 위해 실행 가능한 세부적인 목표를 세워 실천해 나가는 게 일반적인데, 이들은 목적은 불분명하게 정해놓고 구체적인 목표를 달성하는 일에만 과도하게 집착한다. 예를 들면 다이어트를 하면서도 오로지 몸무게를 줄이는 데만 몰두하는 것이다.

이러면 금방 지쳐서 실패에 이를 확률이 높다. 다이어트를 통해 아름다운 몸매를 만들어 마음에 둔 사람에게 잘 보인다든지, 사진을 멋지게 찍어 이력서를 돋보이게 꾸며 꼭 취직에 성공한다든지 하는 목적을 가지면 의욕이 생길 텐데, 그게 아니라 몸무게를 몇 킬로그램까지 줄이는 데만 온통 신경을 쓰면 점점 힘이 들 수밖에 없다. 목적의식이 약하다 보니 의욕이 떨어져 일을 끈기 있게 하지 못하고, 이 핑계 저 핑계 대면서 지금 할 일을 나중으로 넘긴다.

일을 계속 미루는 사람들이 일에 대한 태도를 바꾸려면 어떻게 하는 게 좋을까?

첫째는 자신의 일정을 세분화하는 것이다. 하루 동안 할

나를 지키는 심리학

일을 시간 단위로 나눠서 짜보는 거다. 이렇게 촘촘하게 일정을 관리하게 되면 혹여 일을 미루더라도 미루는 시간이 단축될 수 있다. 며칠씩 미루지 않고, 몇 시간 정도를 미룰 수 있게 된다면 성공적이다. 또, 일정을 짤 때 업무의 난이도와 중요도를 고려해서 어려운 일과 중요한 일을 먼저 하도록 하자. 그러면 또다시 미루게 되더라도 일정에 큰 지장이 초래되지는 않을 것이다.

일을 처리하는 스타일에 따라 쉽고 가벼운 일을 먼저 하고, 어렵고 중대한 일은 나중에 하는 사람이 있고, 그 반대인 경우가 있다. 어떤 것이 좋다 나쁘다 할 수 없으므로 자기 스타일에 맞게 하면 된다. 부담을 좀 덜기 위해서는 쉽고 가벼운 업무부터 시작하는 게 더 좋은 사람도 있다. 마음이 편안한 상태에서 일을 처리할 수 있기 때문이다.

둘째는 적절한 보상을 해주는 것이다. 일정대로 일이 처리되었을 경우, 미루지 않고 일을 무사히 해낸 자신에게 상을 주는 게 좋다. 그날 저녁은 치맥 파티를 한다든지, 일하느라 보지 못한 재미있는 유튜브 영상을 본다든지, 사고 싶었던 물건을 산다든지 하는 것이다. 내가 나에게 주는 선물이기는 하지만, 보상으로 인한 기대감이 생긴다면 미루지 않고 제때 일할 수 있게 될 것이다.

셋째는 능동적으로 미루기Active Procrastination다. 이왕 미룬다면 회피를 위해 미루는 게 아니라, 보다 적극적으로 효율성을 높이기 위해 미루는 것이다. 일을 미루는 것에 대해 비적응적이고 미성숙한 대처라고 이해한 지가 오래되었으나, 최근에는 미루기를 능동적으로 하는 사람들의 경우 오히려 효율적인 대처 방법이 될 수도 있다는 연구 결과가 나오고 있다. 대반전인 셈이다.

일을 미루는 습관에서 벗어나기 위한 3가지 방법

능동적으로 미루기 위해서는 다음과 같은 몇 가지 과정을 거쳐야 한다.

1. 내 업무 능력을 명확하게 파악하는 게 중요하다. 일을 잘 해내려면 얼마만큼의 시간이 필요한지, 언제 내 업무 능력이 최대 효율을 발휘할 수 있는지를 정확히 알아야 한다.
2. 결과에 대해 후회하지 않아야 한다. 최선을 다한 결과에 만족할 줄 알아야 한다는 말이다. 더 많은 시간 동안 일했다면 더 잘했을 텐데 하는 후회는 바람직스럽지 않다.
3. 미뤄둔 시간을 알차게 보내야 한다. 일을 미뤄둔 시간 동안(예를 들어 오전에는 미뤄두고, 오후부터 일을 시작한다면 오전 시간 동안) 미룬 일에 대해 생각하지 않고 알차게 보내는 것이다. 그러

나를 지키는 심리학

기 위해서는 내 업무 능력을 정확하게 파악하고 있어야 하고, 주어진 일을 미뤄둔 시간 후에 반드시 해낼 수 있다는 자신감이 있어야 한다.

결국은 자신에 대한 믿음과 의지가 능동적으로 미루기의 성패를 좌우할 수 있다.

우리는 어릴 때부터 이런 격언을 들으며 교육을 받았다.

"오늘 할 일을 내일로 미루지 말라."

미국 건국의 아버지라고 일컬어지는 벤저민 프랭클린이 남긴 명언이다.

하지만 이제 시대가 바뀌었다. 오늘 꼭 해야 할 일이 아니면 그것 때문에 스트레스를 받으며 시달리지 말고 과감하게 내일로 미루는 게 현명하다. 나를 고되고 힘든 상황으로 자꾸 몰아넣는 게 옳은 건 아니다. 때로는 한 번쯤 쉬었다 가는 것, 잠깐 미뤄뒀다 하는 것이 나를 더 사랑하는 방법인지도 모른다. 능동적으로 미루기는 자기 태만이 아니라 또 다른 자기 사랑이다.

남의 부탁을 들어주느라
정작 내 할 일을 못해요 _____

당당하게 거절하기

진료 예약이 되어 있는데도 매번 20~30분가량 일찍 와서 기다리던 환자가 있었다. 그렇게 빨리 와서 한참을 기다려 놓고는 진료실에 들어오면 오히려 상담 시간 내내 죄송하다는 말을 계속했다. 이런 것까지 여쭤봐서 죄송해요, 말이 너무 장황해서 죄송해요, 시간이 자꾸 길어져서 죄송해요, 이런 식이다. 타인에 대한 배려심이 남다른 사람이라고 할 수 있다.

"선생님, 날씨도 추운데, 종일 환자들 진료하느라 정말 힘드시죠?"

몹시 춥던 어느 날, 그분은 진료실로 들어서면서 이렇게

나를 지키는 심리학

따뜻한 위로의 말을 건넸다. 내가 상담을 받는 건지, 그분이 상담을 받는 건지 헷갈릴 정도로 친절이 몸에 밴 분이었다.

그녀는 직장 내에서 만능 해결사로 통했다. 부서 내에서 하기 싫거나 힘든 일이 있으면 모두 그녀에게 돌아가기 때문이다. 곤란한 일이 생길 때마다 직원들은 언제나 그녀를 찾았다. 그녀는 자기 일이 산적해 있으면서도 거절하지 못하고 웃으면서 일을 맡았다. 심지어 다른 부서 사람들까지 수시로 그녀를 찾아와 부탁하고 돌아가는 경우도 있었다. 이런 일이 반복되다 보니 그녀는 부서 내부는 물론 다른 부서 일까지도 어지간한 것은 다 꿰뚫고 있었다.

다른 직원에게 부탁받은 일들을 처리하느라 그녀는 거의 매일같이 야근했다. 때로는 주말까지 나와서 일할 때도 있었다. 그녀는 다른 사람의 부탁을 모두 들어주지만, 그녀의 부탁을 들어주거나 그녀가 얼마나 힘든 상황인지를 알아주는 사람은 한 사람도 없었다. 어이없는 건 처음에는 부탁을 들어줘서 고맙다고 인사하던 사람들이 나중에는 당연한 것처럼 생각하며 고마워하지 않는다는 사실이었다. 항상 다른 사람을 먼저 챙기는 그녀는 점점 지쳐가고 있었다.

"너는 왜 그렇게 미련하게 사냐? 당당하게 거절해. 너부터 챙기면서 살아야 하는 거야."

그녀에게는 고민을 털어놓으면 잘 들어주고 자기를 알아

주며 위로해주던 선배가 있었다.

그런데 한번은 그 선배로부터 연락이 왔다. 자기를 도와달라는 부탁이었다. 뜻밖이었다.

고민 끝에 용기를 낸 그녀는 정중히 거절했다. 그 선배라면 충분히 이해해주리라 믿었다.

하지만 그게 아니었다. 거절당한 선배의 반응은 참으로 의외였다.

"다른 사람 부탁은 다 들어주면서 왜 내 부탁은 거절하는 거니? 너 진짜로 섭섭하다."

선배는 자신에게 불같이 화를 냈다. 충격이었다. 인간에 대한 깊은 배신감을 느꼈다. 그 뒤 그녀는 이대로는 안 되겠다 싶어 정신과 전문의를 찾아 상담 치료를 받게 된 것이다.

다른 사람의 부탁을 거절하지 못하겠을 때

이처럼 다른 사람의 부탁을 거절하지 못하는 사람이 있다. 상대가 누구든 어떤 요청이든 거절이 어려운 사람이다. 이런 사람은 언제나 나의 욕구보다 타인의 욕구가 우선시된다. 나아가 나의 욕구를 타인의 욕구보다 우선시하는 건 너무 이기적인 일이라고까지 생각한다.

나착해 씨는 누군가를 기쁘게 하는 일 외에는 자기가 뭘 해야 기쁘고 행복한지를 모르고 사는 사람이다. 이들과 상담 치료를 진행하다 보면 공통으로 해당하는 과거의 경험이 있다.

위 사례의 나착해 씨 경우, 오빠가 문제였다. 어렸을 때부터 집안에 사고만 터졌다 하면 오빠와 관련된 일이었다. 그녀의 어머니는 오빠 뒤치다꺼리로 고생이 이만저만 아니었다.

"그래도 네가 있어 정말 다행이야. 너라도 없었더라면 엄마는 어떻게 살까 싶다."

나착해 씨는 어머니로부터 이런 말을 들으며 자랐다. 그때마다 그녀는 이런 생각을 했다.

'그래, 나라도 엄마한테 잘해야 해. 무슨 일이 있어도 엄마를 힘들게 하면 안 돼.'

나착해 씨는 오빠와 달리 어머니에게 언제나 착한 딸이어야만 했다. 그녀의 모든 삶은 점점 어머니를 위한 삶으로 변화했다. 자기 생각과 행동의 기준점이 어머니가 된 것이다.

어머니의 욕구가 자신의 욕구가 되어 버린 나착해 씨는 성인이 되어서도 다른 사람의 부탁을 거절하지 못한 채 타인의 욕구를 충족시켜 주기 위해 살아가는 존재가 되어버렸다.

누구에게나
현명하게 거절하는 법

타인에게 도움이 되는 삶은 분명 의미 있는 삶이다. 하지만 거절하기가 어려워 타인을 위해 행동하는 수동적인 삶은 분명 변화가 필요하다. 그렇다면 어떻게 변화할 수 있을까?

우선 거절을 한번 해봐야 한다. 거절을 한 번도 해보지 못한 것이 문제의 발단이기에 그렇다. 이들은 거절에 대한 두려움이 엄청나다. 누군가의 부탁을 거절하면 그것으로 둘 사이의 인간관계가 파탄에 이를 것이라 지레짐작한다. 친하게 지내던 사람의 부탁을 거절하는 순간, 그 사람이 화를 낼 게 분명하고, 다시는 만나기 어렵게 될 거라 예단하는 것이다.

거절을 위한 준비과정이 필요하다. 거절하기 쉬운 상황을 만들고, 거절해도 될 만한 상대방을 물색하며, 거절에 이르는 구체적인 대화를 연습한다. 내가 거절했을 때 상대방이 화를 내거나 거세게 맞받아치는 상황이 발생한다면 어떻게 대처할지까지 미리 생각해두는 게 좋다. 마음 단단히 먹고 거절했는데, 오히려 역공을 당해 상처를 입으면 곤란한 까닭이다.

그다음 자신이 거절당했을 당시의 심정을 반추해보는 것도 필요하다. 이런 분들은 다른 사람의 부탁을 거절해본 적이 없지만, 자신들은 살면서 숱하게 거절을 당해봤기 때문이다.

나를 지키는 심리학

"거절당했을 때를 회상해보니 뭐 그렇게 크게 불쾌하거나 불편하지는 않았던 것 같아요. 조금 시간이 지나니까 언제 그런 일이 있었냐는 듯 괜찮아지더라고요. 별일 아니었어요."

그렇다. 사람이 살아가는 방식은 대개 비슷하다. 거절당하면 조금 씁쓸한 기분이 들다가도 금방 잊어버린다. 거절하는 쪽도 마찬가지다. 처음에는 다소 미안한 마음이 들다가도 이내 평상심으로 돌아가게 마련이다. 그만한 일로 인간관계가 파탄지경에 이르기는 어렵다.

끝으로 자신의 인간관계를 차분히 돌아보고 자신과 타인과의 경계를 좀 더 분명하게 설정하는 게 좋다. 여기까지는 내가 기꺼이 해줄 수 있지만, 그 선을 넘으면 절대 해줄 수 없다는 경계선을 만들어놓는 것이다. 회사 업무를 예로 들자면 30분 이내에 처리가 가능한 간단한 일은 누가 도움을 요청하면 들어줄 수 있으나 30분이 넘게 걸리는 복잡한 일은 누가 부탁하더라도 정중히 거절한다, 이런 식으로 자신만의 경계를 명확히 구분해놓으면 된다.

그런데 경계선을 그을 수 없을 만큼 이미 강력한 관계가 형성된 경우가 있다. 아무리 거절해도 막무가내로 부탁을 계속하면서 자신을 괴롭히는 사람이 있다면 어떻게 하는 게 좋을까?

단언하지만 그런 관계는 건강하지 못한 관계다. 누구는 일방적으로 부탁을 강요하고, 누구는 일방적으로 그 부탁을 들어줘야 하는 관계라는 건 전혀 상식적인 관계가 아니다.

그런 관계는 무조건 끊는 것이 바람직하다. 직장 내 관계여서 끊는 게 어렵다면 최대한 거리라도 둘 수 있어야 한다. 이러한 관계는 정신건강을 끝없이 해칠 가능성이 있는 관계다. 앞으로 얼마든지 건강하고 상식적인 새로운 관계를 맺으면 된다.

주위를 돌아보면 건강하고 상식적인 사고방식을 가진 사람들이 많이 있다. 정신건강에 도움이 안 되는 관계에 에너지를 쏟기보다는 건강한 관계에 집중하는 것이 필요하다.

잠을 잘 못 자는데 이유를 모르겠어요

수면 효율을 올려주는 수면제한요법

"김 대리, 요즘 무슨 일 있어? 좀 피곤해 보이는데?"

"일 너무 열심히 하는 거 아냐? 쉬어 가면서 하라고. 그러다 쓰러진다."

최근 김수면 대리는 회사 동료들로부터 이런 말을 자주 듣는다. 실제로 올해부터 별 이유 없이 잠을 잘 자지 못했다. 코로나 사태로 재택근무가 잦아진 뒤 잠자리에 드는 시간이 일정치 않다 보니 수면 패턴이 더 망가진 것 같다. 가끔 낮잠을 잔 게 문제인가 싶어 낮에는 절대 잠을 자지 않았고, 주말에도 평일처럼 일찍 일어났으며, 낮에 땀 흘리고 마음을 다스리면 좀 나아지려나 해서 요가까지 해봤지만, 한 번 깨져버린 수면 리듬은 회복되지 않았다. 그러다 보니 다시 회사에 출근한 이후 만나는 사람마다 인사치레로 이런 말을 하는데, 그게 또 다른 스트레스로 다가왔다.

직장 생활 3년째인 김수면 대리는 회사에 잘 적응하고, 맡은 업무에도 최선을 다하며, 일하는 태도도 진지하고 꼼꼼한 모범생 스타일이다. 성격도 서글서글해서 대인관계 또한 괜찮은 편이다.

그런데 밤에 잠을 설치는 날이 길어지면서 업무에 집중하기도 힘들고, 자세도 자꾸 산만해지는 것 같아 신경이 쓰인다. 이러다가는 회사생활에 큰 지장이 생길지도 모른다는 두려움까지 든다.

요즘은 퇴근하자마자 집으로 가서 일찍 씻고 9시부터 침대에 눕는다. 일찍 자면 잠을 좀 설치더라도 수면 시간이 충분하지 않을까 하는 생각에서다. 그러나 일찍 침대에 눕기만 했을 뿐 여전히 새벽 1~2시가 돼야 겨우 잠이 들곤 한다. 평일에는 긴장해서 그렇다 쳐도 이제는 주말마저 제대로 잠을 자기 어렵다. 건강한 자신이 잠 때문에 고생할 줄은 꿈에도 생각지 못한 일이다.

'수면제를 먹어 볼까? 아냐, 내가 이렇게 젊고 건강한데 약에 의지해서 잠을 청할 수야 없지.'

'그러면 정신건강의학과를 찾아가서 전문의와 상담을 해

볼까? 아, 역시 그건 좀 찜찜해…….'

고민이 깊어갈수록 김 대리의 얼굴에는 점점 더 어두운 그림자가 짙게 드리워졌다.

자신의 수면효율을
체크하는 법

김 대리가 잠 때문에 고생하는 주된 원인은 낮은 '수면 효율Sleep Efficiency'에 있다.

수면 효율이란 얼마나 효율적으로 수면하는가를 나타내는 지수다. 잠자리에 든 전체 시간 중 실제로 잠을 잔 시간을 측정해서 수면 시간에 대비해 효율성이 어떤지를 들여다보는 것이다.

$$\frac{실제로\ 잠을\ 잔\ 총\ 시간}{잠자리에\ 누워\ 있는\ 시간} \times 100$$

예를 들어 김 대리가 저녁 9시에 침대에 누웠으나 새벽 1시에야 잠이 들었고, 3시에 잠깐 깼다가 3시 30분에 다시 잠을 자기 시작해 아침 7시에 일어났다면 그가 잠잔 시간은 총 얼마일까?

김 대리가 실제로 잠을 잔 시간은 새벽 1시부터 3시까지

2시간과 3시 30분부터 아침 7시까지 3시간 30분을 합한 5시간 30분이다. 반면 김 대리가 잠을 자기 위해 침대에 누워 있던 시간은 저녁 9시부터 아침 7시까지 총 10시간이다. 김 대리의 수면 효율을 계산하면 55퍼센트에 불과하다.

$$\frac{5.5시간}{10시간} \times 100 = 55(\%)$$

만약 아침 7시에 잠이 깬 후에도 침대에 계속 누워 있었다면 혹은 주말 낮에 잠이 오지도 않는데 계속 침대에 누워 있었다면, 실제로 잠을 자지 않으면서도 침대에 누워 있는 시간이 낮아지기 때문에 수면 효율은 더 감소하게 된다.

적절한 수면 효율은 최소 85퍼센트 정도다. 만약 수면 효율이 85퍼센트가 되지 않는다면 아무리 잠자리에 누워 있는 시간이 길더라도 다음 날 수면 부족으로 피곤할 수밖에 없다. 중요한 건 수면 시간Sleep Time을 늘리는 것보다 수면 강도Sleep Intensity를 올려야 한다는 것이다. 이불이나 침대 위에 아무리 오래 있어도 실제 잠자는 시간이 얼마 되지 않는다면 무슨 소용이 있겠는가?

고속도로를 운전하다가 졸음이 몰려올 때 가까운 졸음 쉼터에 차를 세워둔 채 10~20분만 잠을 자도 몸이 가뿐해지면

나를 지키는 심리학

서 다시 개운한 기분으로 안전 운전을 할 수 있게 된다. 짧은 시간이지만 수면 강도가 매우 높은 수면을 했기 때문이다.

예전에는 군대에서 특별한 일이 없는 날 낮에 잠깐씩 잠을 잘 수 있게 해주었다. 밤에 보초 근무를 하느라 피곤한 병사들을 쉬게 하려는 배려였다. 졸병들에게 이 시간은 세상에서 가장 달콤한 축복의 시간이었다. 밤중에 몇 시간씩 보초를 서느라 피곤했던 몸과 선임들에게 시달리며 괴로웠던 마음의 피로가 눈 녹듯 사라지는 순간이다. 그 잠깐의 수면이 길고 긴 병영의 고단함을 달래주었다. 이렇듯 수면은 양보다 질이 중요하다.

수면 효율을 높여주는 '수면제한요법'

그렇다면 김수면 대리 같은 경우, 어떻게 해야 수면 강도를 높여 수면 효율을 올릴 수 있을까?

수면 강도를 올리기 위해서는 수면 제한을 실천해보는 것이 필요하다.

첫째, 수면 제한을 위해서는 먼저 내 수면 패턴을 확인해야 한다. 일주일 동안 매일 잠자리에 누워 있던 시간과 실제 수면 시간 등을 점검한 다음 실제 수면 시간의 평균값을 구해야 한다.

둘째, 기상 시간을 분명히 정해두는 게 좋다. 내가 꼭 일어나야 하는 시간을 기상 시간으로 정해 반드시 지킨다. 주말이나 공휴일에도 정해진 시간에 기상하는 습관을 그대로 유지해야 한다.

셋째, 기상 시간에서 실제 수면 시간을 뺀 평균값을 구해 이를 취침 시간으로 정해야 한다. 예를 들어 매일 아침 7시에 일어나기로 했는데, 일주일 동안 측정한 평균 수면 시간이 5시간일 경우, 최소한 새벽 2시에는 잠자리에 들어야 한다는 이야기다. 그래야 평균 수면 시간을 유지하며 취침할 수 있다.

주의할 점은 잠자리에 누워 있는 시간이 적어도 5시간은 확보되어야 한다는 것이다. 즉 7시를 기상 시간으로 정했다면 자신의 평균 실제 수면 시간이 4시간이든 3시간이든 상관없이 5시간이 확보된 새벽 2시에는 반드시 잠자리에 들어야 한다는 말이다.

넷째, 이런 식으로 일주일 동안 시행해본 다음 수면 효율이 90퍼센트 이상으로 올라가면 잠자리에 드는 시간을 15~30분 정도 앞당기고, 여전히 수면 효율이 85퍼센트 이하라면 잠자리에 드는 시간을 15~30분 정도 뒤로 늦추는 게 좋다. 수면 효율을 계속 끌어올리기 위해 취하는 조치다.

이와 같은 수면제한요법을 꾸준히 실천하다 보면 어느새

내가 원하는 시간에 잠자리에 들고 충분히 수면한 뒤 정해둔 시간에 정확히 기상할 수 있게 된다. 수면 제한을 통해 이 시간이 되면 잠을 자는 시간이고, 이 시간이 되면 잠에서 깨는 시간이라는 것을 우리 뇌가 기억하도록 해야 한다.

변기에 오래 앉아 있다고 해서 쾌변을 하는 건 아니다. 오히려 변비가 생길 우려가 있다. 잠도 마찬가지다. 잠자리에 너무 오래 누워 있으면 잠자는 시간이 늘어나는 게 아니라 수면 변비가 생긴다. 적은 시간이라도 충분히 숙면하는 것이 긴 시간 누워 있기만 할 뿐 제대로 숙면하지 못해 항상 까칠하고 부스스한 것보다 더 건강하다.

내 옆에 약이 없으면
너무 불안해요

안전추구행동

　김 부장은 공황장애 2년 차다. 정확하게 이야기하면
공황장애가 시작된 후 치료와 재발이 여러 차례 이어진 다음
마지막으로 치료받은 게 6개월 전이었다. 그 뒤 6개월 동안
아무런 증상이 없었다. 답답한 증상도 불안한 증세도 없었다.
자신이 공황장애를 앓던 사람인가 싶게 편안한 일상을 유지
했다. 가족이나 회사 직원들도 김 부장과 공황장애를 연결 짓
지 않고 자연스럽게 대했다.

　그런데 김 부장에게는 공황장애가 발생한 뒤부터 특이한
버릇이 생겼다. 의사가 처방해준 항불안제를 지갑에 넣고 다
니게 된 것이다. 지갑에 항불안제가 있으면 어딜 가든지 안

　　　　　　　　나를 지키는 심리학

심이었다. 공황장애 증상이 전혀 나타나지 않는데도 불구하고 그의 지갑에는 언제나 항불안제가 들어 있었다. 그것이 그에게는 일종의 호신용품이나 보험처럼 마음을 안정시켜주는 안전장치였던 셈이다.

혹시 지갑을 가져오지 않을 수도 있으므로 회사 책상 서랍에도 항불안제를 넣어두었고, 집에 오면 편한 복장으로 옷을 갈아입으니까 혹시나 해서 서재 서랍 안에도 항불안제를 챙겨두었다. 자신이 어느 곳에 있든 늘 곁에 항불안제가 있다는 사실만으로도 마음이 든든했다. 잠깐 누굴 만나기 위해 커피숍에 들르거나 화장실에 갔을 때 항불안제가 없다고 생각하면 괜히 초조해졌다.

얼마 전 퇴근길이었다. 차를 정비소에 맡겨둔 터라 지하철을 타고 출근했기 때문에 김 부장은 집으로 가는 지하철 열차에 탑승했다. 몇 개 역을 지났을 무렵 무심코 양복 상의를 만져 보니 안주머니에 지갑이 없었다. 바지 주머니까지 다 뒤졌지만, 지갑은 어디에도 없었다. 곰곰이 생각해보니 책상 위에 두고 온 것 같았다. 급하게 나오느라 깜빡한 것이다. 이때부터 김 부장의 가슴이 두근거리기 시작했다. 불안이 엄습했다. 다리에 맥이 풀리고 이마에 식은땀이 나는 것 같았다.

'약도 없는데, 여기서 쓰러지면 어떻게 하지? 아, 정말 큰 일인데……'

6개월 동안 아무런 증상이 없었는데도, 김 부장은 현재 약을 가지고 있지 않다는 사실만으로 공황장애 초기에 겪었던 악몽이 되살아났다. 머릿속이 하얘지고 아무 생각이 나지 않았다.

김 부장은 조심스레 다음 역에서 내려 지하철 역사를 빠져나왔다. 그런 다음 인근에 있는 병원 응급실을 찾아갔다. 담당 의사에게 증상을 설명한 뒤 침대에 누워서야 비로소 마음이 안정되었다.

회피형 사람들이
흔히 저지르기 쉬운 행동

김 부장처럼 지갑에 항상 약을 가지고 다니거나, 자신이 자주 머무는 곳마다 약을 챙겨둬야만 안심이 되는 행위는 안전추구행동Safety Seeking Behaviors의 대표적인 사례라고 할 수 있다.

안전추구행동이란 불안한 감정을 느끼지 않으려고 감정으로부터 회피하는 행동을 가리킨다. 주의를 분산하든가, 상황을 회피하든가, 안정감을 주는 대상에 의지하면 불안감이 줄어든다. 이런 행동을 하는 사람들은 물질에 의존하기도 하고, 어떤 행위를 반복하거나 생각을 떠올리기도 한다.

'오늘 잠을 못 자면 어떡하지?'

이런 생각에 사로잡히면 불면증을 극복하기 위해 밤마다

나를 지키는 심리학

술에 의존하게 된다.

'혹시 균에 감염되면 어떡하지?'

이런 걱정이 꼬리에 꼬리를 물면 작은 행동 하나를 한 뒤에도 반복적으로 손을 씻는다.

'지하철 안에서 불안감이 심해지면 어떡하지?'

이런 염려가 계속되면 아예 그런 일을 만들지 않기 위해 지하철을 타지 않는다.

사실 김 부장 같은 경우는 이 같은 안전추구행동을 하면 안 된다. 왜냐하면 이러한 행위는 일시적으로 감정적인 불편함을 없애주기는 하지만, 불안을 느끼는 대상에 대한 불안감을 없애거나 줄이기보다는 더 악화시키기 때문이다. 회피할 때마다 안도감을 느끼고, 이러한 안도감이 불안을 느끼는 대상에 대한 막연한 두려움을 한층 강화하는 것이다.

예를 들면 비둘기 공포증이 있는 사람이 길을 걷다가 저만치 떨어져 있는 비둘기를 목격했다고 하자. 이때 '아, 저기 비둘기가 있구나. 얼른 피해서 가야지' 길을 돌아갔다면 비둘기를 대면하지 않아 비둘기 공포증을 느끼지 않았으므로 역시 피하길 잘했다고 생각할 것이다. 그러면 이 사람에게 비둘기는 언제나 피해야만 하는 무서운 존재로 남게 된다. 일시적으로는 편할지 몰라도 근본적인 해결책은 될 수 없으며, 비둘기에 대한 공포감은 더욱 악화할 수 있다.

안전추구행동을 하면 안 되는 또 한 가지 이유는 이런 행동 자체가 또 다른 불안의 시작이 되는 까닭이다. 안전을 추구하고자 어떤 행동을 취했는데, 그 행동으로 인해 생각지도 않은 불안이 초래되는 것이다.

김 부장 사례처럼 '약이 없으면 어떡하지?' 하는 걱정은 약이 없는 모든 곳에서 쓸데없는 불안을 유발한다. '지하철 열차 안에서 불안이 찾아오면 무조건 내려야 하는데, 만약 내리지 못하면 어떡하지?'와 같은 불안은 버스나 택시나 비행기를 타도 마찬가지일 것이다.

꼭 필요할 때만 복용하는 필요시약은 안전추구행동이 될 수도 있고, 올바른 치료 방법이 될 수도 있다. 공황장애로 처음 진단받으면 필요시약을 처방하는 경우가 있는데, 정해진 시간에 복용하는 약 외에 불안이 나타났을 때를 대비해 상비하도록 한다. 불안을 느낄 때만 복용하도록 하는 것이다.

김 부장의 경우에도 처음에 필요시약으로 지갑에 약을 갖고 다니기 시작했었다. 필요시약의 경우 어느 정도 증상이 조절되면 끊어야 하므로 오래 복용하도록 처방하지 않는 경우가 대부분이다.

나를 지키는 심리학

제대로 지키는
약물 복용법

이러한 약이 안전추구행동이 아니라 조절 가능한 치료 방법이 되기 위해서는 어떻게 해야 할까?

첫 번째로 필요시약에 의존하는 행위가 내 불안을 어떻게 낮추는지를 명확하게 이해하고 있어야 한다. 어떠한 상황에서 어떠한 방법으로 불안을 낮추는지를 파악하고 있어야 꼭 필요할 때만 약물을 사용할 수 있다. 이렇게 해야만 지나친 약물의 남용과 의존을 예방할 수 있다. 이 약이 내 불안을 어떻게 줄여주는지 알고 있으면 증상이 안정되었을 때 언제든 복용을 중단할 수가 있다.

두 번째로 필요시약 외에 다른 대안과 방법이 여러 가지가 있어야 한다. '이 방법 아니면 안 돼!'가 아니라 '이 방법이 안 되면 다른 방법을 시도해보지 뭐'와 같은 유연한 자세를 가져야 한다.

필요시약은 이것저것 해보고 안 되면 사용할 수 있는 대안 중 하나가 되어야 한다. 약을 복용하는 방법 외에도 호흡을 천천히 해볼 수도 있고, 누군가와 통화를 해볼 수도 있으며, 산책하거나 음악을 들을 수도 있다. 대안이 오직 하나밖에 없다면 그것에 더 의존하게 되고, 여차하면 그것부터 찾을 수가 있다. 약에만 의존할 게 아니라 자신의 불안한 감정을 다룰 수 있는 나름의 방법을 가지고 있어야 한다는 말이다.

마지막으로 가장 중요한 것은 근본 문제인 불안이라는 감정을 자꾸 피하거나 외면하려고만 할 게 아니라 직접 대면해서 파악하려고 해야 한다는 것이다. 무조건 회피해야 할 대상이라고만 생각하지 말고 내가 왜 불안한지, 불안할 때 내 반응은 어떤지, 불안을 낮춰준 행위가 있다면 어떻게 해서 불안을 낮췄는지 등을 구체적으로 확인해봐야 한다. 내 불안을 이해하는 과정이 필요하다는 이야기다.

불안장애 치료의 목표가 불안을 느끼지 않는 것이 되어서는 안 된다. 불가능한 것이기도 할 뿐 아니라 불안을 느끼지 않으면 뭔가 잘하기도 어렵고 위험한 상황을 인지할 수도 없다. 불안을 느끼지 않는 게 치료 목표였던 사람들은 치료가 끝난 후 약한 수준의 불안이 나타나도 큰일 났다고 생각하고 모든 치료가 무의미했다고 생각한다. 하지만 치료를 통해 불안을 이해하고 다루는 방법을 익히게 된 사람들은 다시 불안이 나타났을 때 이전처럼 놀라거나 당황하지 않는다. 결국 치료의 목표는 불안을 없애는 것이 아니라 불안을 다루는 데 있다. 약물치료는 불안을 다루는 많은 방법 가운데 하나일 뿐이다.

나를 지키는 심리학

원래 이런 나,
바뀔 수 있을까요?

MBTI와 라벨링

"우리 MBTI 성격 유형 검사 한번 받아볼래?"

"그게 뭔데?"

"자기 성격을 알아보는 거야. 재미도 있고 잘 맞는다고 하더라고."

"그래? 그럴까?"

나소심 씨는 친구의 권유로 함께 MBTI 성격 유형 검사를 받아보기로 했다. 새해도 되었으니 자신에 대해 좀 더 정확히 알아두면 한 해 계획을 이루어가는 데 도움이 되겠거니 싶었다.

하지만 이보다 더 큰 이유가 있었다. 해가 바뀌면서 회사에서 부서 이동이 있었는데, 생각지도 않았던 부서로 발령이 났기 때문이다. 새로운 업무와 낯선 사람들 그리고 적응이 잘 안 되는 어색한 분위기로 인해 그녀는 하루하루 살얼음판을 걷듯 조마조마한 마음으로 직장 생활을 하고 있었다. 친구가 권한 검사를 해보면 뭔가 해결책이 나올 수도 있을 것 같은 기대가 생긴 것이다.

"내향적인 성격입니다. 조용하고 신중하며 내면 활동에 집중하는 유형이시군요."

MBTI 성격 유형 검사 결과가 나왔다. 그중 하나가 마음에 걸렸다. 자신이 내향적 성격이라는 거였다. 그녀는 자신이 안고 있는 염려와 걱정이 이런 내향적 성격 때문이 아닐까 생각했다. 활발하고 적극적인 성격이었다면 아무런 문제가 되지 않을 일들도 소심하고 소극적인 성격 탓에 자꾸만 부풀려지고 자신을 짓누르는 게 아닐까 생각한 것이다.

'그래, 내가 내향적인 성격이라서 부서에 적응하지 못하고 인간관계를 풀어나가지 못한 거야.'

처음에는 문제의 원인을 알게 되어 홀가분한 기분도 들었지만, 시간이 흐를수록 뭔가 일이 잘 풀리지 않거나 어려운 관계가 생길 때마다 그 이유를 자신의 성격 탓으로 돌리는 버릇이 생겼다.

'내가 내향적이라서 그래. 그러니까 관계를 잘 맺지 못하

는 건 당연한 거야.'

매사 이런 식으로 결론을 내리게 된 것이다. 그러다 보니 회사에 출근하는 게 즐겁지 않았다. 일을 해도, 사람을 만나도, 회의를 해도, 새로운 프로젝트가 주어져도 의욕이 솟아나질 않았다.

'다른 직업을 찾아봐야 하나? 나 혼자서 할 수 있는 일은 없을까?'

급기야 이런 생각까지 하게 되었다. 회사 안에서, 부서 내에서 그녀는 홀로 떠 있는 섬이었다.

라벨링에 빠지면
위험한 이유

MBTI는 '마이어스-브릭스 유형 지표Myers-Briggs Type Indicator' 를 가리킨다. 작가 캐서린 쿡 브릭스와 그녀의 딸 이사벨 브릭스 마이어스가 스위스의 정신과 의사 카를 융의 성격 유형 이론을 근거로 개발한 성격 유형 선호 지표다. 그러나 어머니와 딸 모두 의사도 심리학자도 아니었다. 따라서 MBTI는 지표 자체의 객관성과 효율성에 의문이 많다. 대중적으로 가장 많이 알려진 성격 유형 검사지만, 과학적인 방법론에 기초한 현대 심리학과는 뿌리가 다르다. 주류 심리학계는 물론 정신의학계에서도 지나친 상업성 등을 이유로 MBTI 검사 자체를 논의하지 않고 있다.

정신의학 용어 중에 '라벨링Labelling'이라는 게 있다. 스티그마Stigma, 즉 '낙인'처럼 특정 정신질환에 대해 부정적인 꼬리표를 달아 묘사할 때 사용한다. 정신질환에 대한 부정적 인식을 전제로 하는 이 같은 라벨링은 환자로 하여금 적절한 정신과적 치료를 받는 것을 방해한다.

라벨링은 실생활에서 더 광범위하게 사용된다. 어떤 대상이나 물건에 일정한 라벨을 붙이면 더 이상 의심하지 않고 라벨에 기재된 대로 믿어버리는 현상이 우리 주위에 만연해 있다. '저 상품은 좋지 않아', '저 제품은 명품이야', '저 사람은 음흉한 스타일이야'라고 한번 마음먹고 나면 그 뒤 어떤 일이 일어나도 처음 가졌던 생각 그대로 판단해버리는 경향이 있는 것이다.

임상에서 자주 보게 되는 경우는 다음과 같다.

한 우울증 환자가 있다. 그는 오늘도 평소처럼 우울하다. 얼마 전 정신건강의학과에 가서 전문의 진찰을 통해 우울증 진단을 받았다. 다음 날 친구들을 만나기로 했는데, 갑자기 나가기 귀찮아졌다. 그는 자신이 게을러서 그렇다든지 하는 다른 이유를 생각하지 않고 우울증 탓으로 돌린다.

'아, 내가 우울증이라서 그렇구나. 오늘은 나가지 말아야지.'

이때 환자의 언니가 집에 있는 동생을 발견했다. 무심코 지나가다가 툭 한마디 던진다.

"너, 오늘 표정이 안 좋은데? 약 안 먹었어?"

이 경우 환자와 언니 모두 라벨링하고 있는 것이다. 환자는 약속이 있음에도 외출하지 않는 자신을 향해, 언니는 표정이 좋지 않은 동생을 향해 라벨링을 하고 있다. 모든 것이 우울증 때문이다. 자신의 행동이나 동생의 표정에 대해 어떠한 의문이나 궁금증도 갖고 있지 않다. 정상적인 상황이라면 나의 행동과 가족의 표정을 살펴 관심을 보이고 질문하는 게 당연한데 말이다.

물론 정신건강의학과에서 진단을 받는 게 이런 부정적인 라벨링 효과로 나타나는 건 극히 드문 일이다. 전문의와 함께 라벨링을 한다면 분명한 원인과 해결책을 찾기 때문에 긍정적 효과를 얻을 수 있다. 라벨링만 하고 끝나는 게 아니라 원인과 해결책을 찾으려는 노력이 이어져야 한다.

원래 그렇다는 말은 틀린 말이다

이러한 노력을 방해하는 원인 중 하나가 "나는 원래 ~해"라고 말하는 버릇이다. 나는 원래 그렇다는 말투와 인식이 바뀌어야 한다. 나는 원래 그런 게 아니라, 지금 그럴 뿐이고 혹은 과거에 그랬을 뿐이다. '원래'라는 단어는 '처음부터' 또는

'근본부터'라는 뜻이다. 태어날 때부터 죽을 때까지 변함없이 항상 그런 사람은 없다. 모든 일에는 원인과 이유가 있다. 그리고 사람은 주어진 환경이나 조건에 적응하고 대응하면서 성격, 태도, 습관, 언어 등이 변화하게 마련이다.

"나는 원래 우울해."

이건 틀린 말이다.

"나는 지금 우울해. 하지만 나아질 수 있어."

이것이 바른 말이다.

다음은 이유를 찾아야 한다. 내가 왜 이런 사람이 되었는지, 이와 반대되는 행동은 없었는지를 찾아내는 것이다. '나는 왜 우울해졌을까? 우울하지 않았을 때는 어땠지? 그때와 지금은 어떻게 다르지?' 계속해서 질문을 던진다. 위 사례의 나소심 씨 같은 경우, '나는 왜 내향적인 사람이 되었을까? 내향적이지 않을 때는 없을까? 친구들이랑 있으면 내향적이지 않은 것 같은데, 친구들과 있을 때와 회사 사람들과 있을 때가 어떻게 다르지?' 하고 질문을 이어가다 보면 원인에 근접할 수 있고, 문제가 되는 상황과 그렇지 않은 상황을 구분해 비교하면서 이유를 발견해낼 수 있다.

내가 하는 라벨링이 맞는지도 의심해 봐야 한다. 반대되는 근거를 찾아보는 것도 중요하다. 여러 연구 결과 타인이 타인을 라벨링할 때, 라벨링하는 사람이 당하는 사람보다 높은 위치에 있으면 라벨링 효과가 더 강한 것으로 드러났다. 직장 상사가 부하직원을 라벨링했을 때 효과가 더 강력하다. 후배나 아랫사람에 대한 충고나 조언이 자칫 라벨링이 될 수 있으니 조심해야 한다.

원인도 모르고 해결책도 모르는 막연한 라벨링이라면, 내 인생을 망치는 주문이 될 수 있다는 사실을 분명히 알아야 한다. 라벨링은 '자기충족적예언 Self-Fulfilling Prophecy'의 효과를 나타낸다. 반복되는 말이 생각을 규정해 행동으로 나타남으로써 무의식적으로 한 말이 미래에 실제 현실이 되는 것을 의미한다. 부정적으로 말하는 사람에게는 부정적인 일이 벌어지고, 긍정적으로 말하는 사람에게는 긍정적인 일이 생겨나는 현상이다. 사람은 객관적 상황에 반응하는 것이 아니라, 자신이 해석하고 받아들이고 믿는 상황에 반응하기 마련이다. 나는 내향적이라고 생각하면서 자꾸 사람들과의 관계를 피하다 보면 점점 더 고립될 수밖에 없다. 결국 말이 씨가 되는 셈이다.

남들에게 지나치게
잘해줘서 손해만 봐요 _____

구원 환상

　　박구원 대리 팀에 신입사원이 새로 들어왔다. 앳된 외모의 그는 다소곳한 태도로 팀 선배들로부터 호감을 샀다. 그런데 알고 보니 다른 팀에서 적응하지 못해 부서 이동을 한 것이었다. 평소 마음이 따뜻하고 이해심 많기로 소문난 박 대리는 유독 새로 온 신입사원이 신경 쓰였다.

　　'얼마나 힘들었으면 다른 팀으로 보내달라고 했을까. 내가 잘 적응하도록 도와줘야지.'

　　이후 박 대리는 그가 요청하지 않았는데도 이것저것 챙겨주고 물어보지 않더라도 미리 친절하게 알려줬다. 얼핏 보면 동료라기보다 동생을 챙기는 누나나 조카를 대하는 이모 같았다.

　"박 대리, 당신이 그 사람 엄마야? 왜 그렇게 싸고돌아?"

　보다 못한 팀장이 박 대리를 불러 이렇게 핀잔을 줄 정도였다.

　그러던 어느 날 우연히 신입사원이 있었던 예전 팀의 직원을 만나 이야기를 나누게 되었다.

　"박 대리님, 어떻게 그 친구랑 친할 수 있어요?"

　"왜, 그러면 안 돼? 나는 괜찮던데?"

　"조심하세요. 걔 보통 아니에요. 얕잡아 보이면 찰거머리처럼 엉겨 붙습니다."

　"그래? 내가 보기엔 그런 사람 같지 않던데…… 적어도 나한테는 말이야."

　그 뒤 박구원 대리는 그를 유심히 지켜보며 대했지만, 예전 팀 직원 말에 걸맞은 이상한 점은 발견할 수 없었다. 그래서 전보다 더 잘 대해주고 챙겨줬다. 시간이 흐르면서 그에 관한 이런저런 소문들이 들려왔다. 그중에는 박 대리의 가슴이 쿵 내려앉을 만큼 특별한 이야기도 있었다.

　"그 친구 몰라보게 변했대. 새로 옮겨간 팀에 잘 적응하면서 좋은 성과를 낸다는 거야."

　그 말을 듣는 순간, 박 대리는 이렇게 생각했다.

　'그러면 그렇지. 나를 만나서 그렇구나.'

박 대리는 자기 때문에 제대로 인정받기 시작한 신입사원을 보며 보람과 환희를 느꼈다.

하지만 뿌듯함은 잠시였다. 어느 순간부터 그가 자기 업무의 대부분을 박 대리에게 부탁해 처리하기 시작했다. 모르는 걸 물어보는 척하면서 일을 아예 다 떠넘긴 것이다. 처음에는 그럴 수 있다고 생각하며 일을 해주던 박 대리는 문득 자신이 신입사원을 도와주는 인턴이 된 듯한 기분이 들었다. 어떤 날은 그의 일을 처리해 주느라고 정작 자기 일을 끝내지 못할 때도 있었다.

"부하직원 한 사람 때문에 자네 앞길 망칠 셈이야? 왜 그렇게 쩔쩔매는 거야?"

급기야 팀장에게 이런 소리까지 들어야 했다. 참담한 기분이었다. 오지랖을 자책하기도 했다.

'내가 잘못한 걸까? 예전 팀 직원의 말이 맞았던 걸까?'

박구원 대리가 제일 화가 나는 건 신입사원의 태도였다. 내가 팀장에게 꾸지람을 듣고 동료들로부터 손가락질을 당하는데도 불구하고 이를 잘 알고 있는 그가 자신에게 미안하다거나 고맙다는 표현을 하지 않는 거였다. 그런 마음 자체가 없는 듯 보였다. 박 대리는 심한 배신감에 치를 떨어야 했다.

나를 지키는 심리학

내가 느끼는
열등감의 실체를 찾아라

사람은 누구나 나 이외의 다른 사람에게 의미 있는 존재가 되길 원한다. 대충 살다가 의미 없이 죽음을 맞는 걸 희망하는 사람은 거의 없다. 무슨 일을 하든 어떤 평가를 받든 최소한 내 주변 사람들 혹은 가족에게만이라도 가치 있는 인생으로 기억되길 바란다. 그중에서도 자신이 누군가에게 의미가 있다는 것 이상으로 상대방의 삶을 변화시킬 수 있다고 믿는 착각을 '구원 환상Rescue Fantasy'이라고 한다. 이는 자신의 이상적인 자아를 과대 포장하는 데서 기인하는 것으로 내가 노력하면, 조금만 주의를 기울이면, 더 애를 쓰기만 하면 저 사람이 완전히 다른 사람이 될 거라는 믿음을 갖는 것이다. 이는 스스로 과신하는 것이다. 왜 이런 마음을 품게 되는 것일까?

좀 더 깊이 들여다보면 이런 사람에게는 자신에 대한 열등감이 발견된다. 그 열등감에서 벗어나기 위해 한편으로 열등감을 잊기 위해 다른 사람에게 필요 이상 도움을 주거나 열렬히 헌신해 평소 꿈꾸던 본인의 모습을 확인하려 한다. 그럼으로써 자기의 존재 가치를 인정하려는 것이다.

위 사연에서 박구원 대리는 신입사원에게 지나치게 잘해주다가 예전 팀 동료로부터 "어떻게 그 친구랑 친할 수 있어요?"라는 말을 듣게 된다. 이 말을 듣는 순간 박 대리는 자신이 다른 사람과는 다른 특별한 존재라는 인식을 하게 된다. '내가 남들과 달리 이상한 건가?', '내가 지금 위험한 일을 하는 건가?'라는 생각은 하지 못한다.

구원 환상이 있는 경우, 상대방 일을 정말 내 일처럼 생각한다. 심지어 내 일보다 상대방 일을 더 우선시하고 중요하게 생각하기도 한다. 그의 성공이 나의 성공인 것처럼 기쁘고, 그의 행복이 나의 행복인 것처럼 즐겁다. 내가 그를 수렁에서 건져내 구원에 이르게 했다는 보람에 들뜬다. 이와 같은 구원 환상에 의한 행동은 상대방이 나에게 필요 이상으로 의존하게 만든다. 비정상적인 이런 의존관계는 결국 병적인 관계를 만들기에 이른다.

모든 마음의 변화가 그렇듯 나의 마음을 인지하는 데서 변화는 시작된다.

'과연 내 도움 없이 이 사람이 더 나은 삶을 살아도 나는 변함없이 기뻐해 줄 수 있을까?'

이렇게 생각해보는 것이 도움이 된다. 내 마음을 확인해보는 것이다.

직장 안에서의 관계뿐 아니라 가족이나 연인 관계에서도 구원 환상을 볼 수 있다. 가까운 관계일수록 내 도움 없이도 상대방이 행복할 수 있고, 내가 그걸로 만족한다고 자신 있게 이야기할 수 있어야 한다. 내 도움이 없으면 상대방이 행복할

나를 지키는 심리학

수 없고, 내 도움 없는 상대방의 행복에 내가 만족할 수 없다면 구원 환상에 빠진 것이다. 의도와 달리 내 과도한 행동이 내가 정말 아끼는 사람을 망칠 수 있으며, 이로 인해 두 사람 사이의 관계 또한 잘못될 수 있다는 걸 명심해야 한다.

친절과 배려에도
적당한 선이 있다

성격상 누구에게나 친절을 베풀고 배려하는 사람이 있다. 성품이 온화하고 인자해서 주변 사람을 늘 챙겨주고 도와주는 사람이 있다. 그런 사람을 구원 환상에 빠진 사람이라고 할 수 있을까?

그렇지는 않다. 하지만 친절과 배려도 상대방 요청이 있을 때 하는 게 좋다. 상대방은 원하지 않거나 도움이 필요 없는데, 내가 일방적으로 도와주는 건 바람직하지 않다. 상대방이 스스로 변화가 필요하다고 느낄 때, 언제든 나에게 도움을 요청할 수 있는 대상이 되어주기만 하면 된다.

"요즘 힘들지? 내 도움이 필요하면 언제든지 이야기해줘."

이 정도가 적당하다. 그러고 나서 상대방이 도움을 요청하면 있는 힘껏 도와주면 되는 것이다.

예외적인 경우가 있다. 회사에서 동료나 후배가 일을 너무 못해서 자신에게 방해가 되거나 자신의 업무에 지장이 있을 때, 그를 위해서가 아니라 나를 위해서 일을 도와주거나 거들어주는 것이다. 이럴 때도 상대방이 오해하거나 나에게 의존하려는 마음을 갖지 않도록 상대방 때문이 아니라 나를 위해서 하는 거라는 사실을 명확히 인식시켜야 한다. 서로 확실하게 해두는 게 좋다.

구원 환상을 가진 이들은 자신의 삶이 너무 힘들어서 누군가가 자신을 구원해줬으면 하는 무의식적인 소망을 가진 경우가 많다. 타인을 구원해줌으로써 자신이 가지고 있는 그 같은 욕망을 대신해서 실현하는 것이다.

그러나 정작 타인의 고통에 주목하며 그를 돌보느라 자신의 고통에는 신경을 못 쓸 수도 있다. 누군가에게 친절을 베풀고 배려하며 챙겨주고 도와주더라도 그전에 자기 자신을 온전히 사랑하고 구원하는 것이 먼저라는 걸 잊지 말아야 한다.

집에서 일하니까
오히려 워라밸이 무너졌어요 _____
슬기로운 재택근무 관리

　"우리 회사는 다음 주부터 긴급 요원을 제외하고 전부 재택근무를 하기로 했어."

　"와, 정말이야? 부럽다 부러워. 그런데 우리 회사는 왜 아무런 말이 없는 거야?"

　얼마 전 친구로부터 자기 회사가 재택근무를 하기로 했다는 말을 듣고 너무 부러웠다. 콩나물 버스와 지하철을 갈아타면서 오랜 시간 출퇴근하지 않아도 되고, 돌이 얼마 남지 않은 딸내미를 종일 볼 수 있으며, 육아에 시달리는 아내의 집안일도 틈틈이 도울 수 있으니 얼마나 좋겠는가.

　그런데 최근 코로나 집단감염이 더욱 늘어나면서 마침내

최방콕 씨 회사에서도 재택근무를 결정하기에 이르렀다. 누구보다 뛸 듯이 기뻐한 건 최방콕 씨였다. 오랜 꿈을 이룬 듯 흥분됐다.

하지만 며칠 집에서 일해보니 재택근무라는 게 머릿속으로만 상상하던 그런 환상적인 그림이 아니었다. 일하는 건지 노는 건지 구분이 안 될 때가 많고, 업무 시간과 개인 시간을 분간하기 모호하며, 혼자 노트북과 스마트폰으로만 업무를 처리하니 잘하는 건지 못하는 건지 파악하기 힘들었다. 밤이나 낮이나 혼자 있으니 재미도 없고 능률도 오르지 않았다.

오랜 시간 대중교통을 이용해 출퇴근할 때보다 몸은 더 피곤했다. 낮에 일을 끝내지 못해 저녁까지 일하기 일쑤였고, 평일에 해야 할 일이 끝나지 않아 주말까지 일에 매달려야 했으며, 방에서 일하다 집중이 안 되면 거실로 나가 일하다가 깜빡 잠이 들거나 무심코 텔레비전 리모컨에 손이 가기도 했다. 딸내미 울음소리와 아내의 잔소리가 점점 지겨워졌다. 아들이 재택근무한다는 소식을 듣고 부모님이 얼굴이나 보겠다며 불쑥 현관문을 열고 들어오시는 일도 스트레스 중 하나였다.

'워라밸은 개뿔. 아, 빨리 회사 가서 일하고 싶다.'

이런 생각까지 들 정도였다.

재택근무가 직장인의
워라밸을 지켜낼 수 있을까

2020년 8월 하순 한 구인 구직 매칭 플랫폼이 342개 기업을 대상으로 재택근무나 시차출퇴근제 등 '유연근무제 실시 현황'을 조사한 일이 있다. 그 결과 전체 기업의 36.3퍼센트가 유연근무제를 실시한다고 밝혔으며, 그중 27.4퍼센트가 재택근무제를 하고 있다고 답했다. 같은 조사를 시작한 2017년 이래 가장 높은 비율이라고 한다.

이 조사에서 기업들이 유연근무제를 선택한 이유는 '직원들의 워라밸 보장을 위해서'라는 응답이 45.2퍼센트로 1위였다. 직원들의 워라밸을 보장하고 코로나바이러스에 대한 감염 위험도 줄일 수 있으니 기업이나 직원 모두 유연근무제를 마다할 이유가 없어 보인다. 코로나가 다시 확산하는 추세라서 재택근무 비율은 가파르게 증가할 것으로 예측된다.

그러나 과연 재택근무가 직장인들의 워라밸을 지켜낼 수 있을까?

과거 미국의 한 연구에 따르면, 재택근무를 하는 직장인이 회사로 출퇴근하는 직장인보다 대략 일주일에 5~7시간을 더 많이 일하고, 몸이 아프거나 휴가 중일 때도 종종 업무에 매달리는 것으로 파악되었다. 한편 다른 연구에서도 직장인들에게 시범적으로 재택근무를 하게 한 뒤 재택근무와 사무실 근무 중 하나를 선택하라고 했을 때, 절반가량이 사무실에서 근무하고 싶다고 답변했다고 한다. 재택근무가 모든 직장인에게 긍정적인 근무 형태는 아니라는 사실이 밝혀진 것이다.

일상에서 워라밸을
유지하며 일하는 법

지금처럼 감염병 위험도가 높은 국가적 위기 상황 속에서 회사마다 재택근무 비율이 점차 증가하는 게 불가피하다면 워라밸을 잘 유지하면서 재택근무를 할 수 있는 좋은 방법은 무엇일까?

가장 중요한 건 집에서 생활하는 것과 일하는 것을 분명하고 확실하게 구분하는 것이다.

이를 위해서는 첫째, 근무 시작 전 루틴Routine(특정한 작업을 실행하기 위한 일련의 명령)을 만드는 게 좋다. 늦게 일어나 씻지도 않고 아침밥도 거른 채 책상에 앉는 건 삼가야 한다. 그래서는 업무 능률이 오르기 어렵다. 반드시 깨끗이 씻고 아침밥을 먹은 후 제대로 옷을 갈아입은 다음 책상에 앉아야 한다.

그날 해야 할 업무 리스트를 만드는 것도 도움이 된다. 리스트에 있는 일을 무조건 끝내는 것도 중요하지만, 리스트에 있는 일을 다 마치면 그날은 일을 더 하지 않는 것도 중요하다. 가정환경은 사무실 환경보다 유혹이 많은 까닭에 회사에서 일할 때보다 업무 일정을 잘 관리해야 한다.

둘째, 근무 장소와 시간을 명확히 하는 게 좋다. 책상을 업무용 공간으로 만들거나, 거실이나 주방 식탁을 업무용 공간으로 만들 수도 있다. 대신 쉬는 시간에는 그 공간에서 벗어나야 하고, 몇 시부터 몇 시까지 일할지도 명확히 구분해 놓아야 한다.

근무 시간이 끝나면 회사에서 퇴근하는 것처럼 업무를 중단하고 업무용 공간에서 벗어나야 한다. 그때부터 집은 편안한 휴식 공간이다. 일할 때 업무용 공간에서 듣는 음악과 쉴 때 휴식 공간에서 듣는 음악을 달리하는 것도 유용한 방법이다. 일할 때 입는 옷과 쉴 때 입는 옷을 구분하는 것 또한 괜찮은 방법 가운데 하나다.

셋째, 브레이크타임을 확실히 지킨다. 평소 회사에서 일할 때 50분 일하고 10분 쉬었다면 집에서도 똑같이 하는 것이다. 몸이 기억하고 있는 쉬는 시간을 계속 확보해야 한다는 말이다.

마찬가지로 점심시간도 정확히 챙겨야 한다. 밥 먹고 나서 곧바로 다시 일을 시작하는 게 아니라, 밥을 먹은 후에도 짧게 낮잠을 자거나 산책을 하거나 차를 마심으로써 확실하게 휴식을 취해야 한다.

넷째, 나의 재택근무 사실을 주변에 알리는 게 좋다. 가족이나 친구들이 내가 재택근무 중에도 근무 시간을 정확하게 지키며 생활하고 있다는 사실을 분명히 알아야만 함부로 내 근무 시간을 방해하거나 침범하지 않는다. 최방콕 씨처럼 아기가 있다면, 내 의사와 관계없이 수시로 방해받기가 쉽지만, 아내와 의논해 근무 시간에는 최대한 일에 집중할 수 있게 만드는 게 바람직하다.

한 가지만 더 조언하자면, 집에는 생활을 위한 물건들이 대부분이라서 편안하게 업무를 보는 데 어려움이 따를 수밖에 없다. 이럴 경우, 근무 분위기를 유지할 수 있도록 가구나 전자기기 등을 별도로 배치하는 것도 좋은 방법이다. 재택근무를 시작하기 전 회사에서 사용하던 물건들을 집으로 가져다 놓는 게 제일 좋지만, 이게 어렵다면 새 가구나 물건을 구매해야 할 수도 있다.

스톡데일
패러독스란

미군 장교인 제임스 스톡데일은 베트남 전쟁 당시 1965년부터 1973년까지 동료들과 함께 포로로 잡혀 있었다. 포로 생활 중 처참한 고문을 당하면서도 현실을 직시하며 잘 대비한 그는 결국 살아남았지만, 아무런 대비 없이 그저 곧 전쟁이 끝나기만 기다리면서 상황을 낙관한 동료들은 계속되는 상심을 이기지 못한 채 전부 목숨을 잃고 말았다. 곧 미국이 전쟁에서 승리할 거라고 믿으며 하루하루를 맥없이 보낸 사람들보다 전쟁이 언제 끝날지 모른다는 생각으로 현 상황에서 해볼 수 있는 걸 다 해보자고 생각한 스톡데일이 냉혹한 포로 생활을 무사히 견뎌낸 것이다.

스톡데일 패러독스에서 나타난 합리적인 낙관주의는 객관적 현실을 인정하는 수용을 바탕으로 반드시 목표를 달성하겠다는 강한 의지를 동반한다. 스트레스 상황을 회피하기만 하는 비관주의자에 비해 합리적인 낙관주의자는 통제 가능한 상황에서는 문제를 해결하기 위해 노력하며, 통제 불가능한 상황에서는 현실을 수용하는 융통성 있는 대처를 하는 것으로 알려져 있다.

코로나 이후 상황에서 이전과 같은 편안한 삶을 기대하기는 어렵다. 모두가 불편한 나날을 보내고 있다. 그렇다고 해서 코로나가 끝난 상황을 기다리고만 있을 수는 없다. 지금을 그나마 편안하고 행복하게 보내기 위한 능동적인 환경 변화가 필요하다. 포로수용소에서 스톡데일이 그랬던 것처럼 일단 지금 당장 자기 자신을 위해 해볼 수 있는 것은 다 해봐야 한다. 그러다 보면 어느 순간 힘든 시기가 지나갈 것이다.

회사와 집에서의 모습이
달라도 너무 달라요
공적 자아와 사적 자아

차이나 과장의 꿈은 퇴직이다. 멋지게 사표를 내고 회사 문을 박차고 나갈 날만을 학수고대하고 있다. 언제 그런 날이 올지, 어떻게 그날을 맞이하며 보내야 할지 생각만 해도 기분이 좋다.

하지만 회사에서는 아무도 눈치를 채는 사람이 없다. 워낙 능력 있고 조직 문화에 잘 적응하기 때문이다. 누가 봐도 그는 이 일에 딱 맞는 사람이다. 항상 즐거워 보이고 에너지가 넘쳐나는 듯하다. 아무리 어렵고 힘든 일이 닥쳐도 피하지 않고 정면 돌파해서 보기 좋게 일을 마무리한다. 그는 상사에게는 가장 듬직한 부하인 동시에 후배에게는 제일 믿음직한 선

나를 지키는 심리학

배다. 같은 부서는 물론 다른 부서에서까지 그를 따르며 롤 모델로 삼는 직원들이 많다. 그야말로 완벽한 직장인이다.

이런 차이나 과장을 그 누가 언제나 가슴속에 사표를 품고 다니는 사람이라고 여기겠는가? 도대체 왜 그는 이렇게 완벽하게 직장에 적응하고 있으면서도 늘 퇴직을 꿈꾸는 걸까?

퇴근 후 차이나 과장의 모습을 보면 직장에 있을 때와 판이하다. 모든 에너지를 다 쏟고 탈진한 상태로 퇴근한 그는 집 안에 들어서는 순간 곧바로 소파 위에 쓰러진다. 옷을 갈아입고 씻을 기력도 없다. 아무 생각 없이 쉬고 싶을 뿐이다. 그 누구의 방해도 받고 싶지 않다. 회사에서는 그토록 깔끔하고 청결하며 정리 정돈을 잘하는 그이지만, 집에서는 손가락 하나 까딱하지 않는다. 거실에는 머리카락과 휴지가 널브러져 있고, 침실에는 이부자리가 엉망으로 구겨져 있으며, 주방에는 설거지 안 한 그릇이 수북하다. 밥도 먹는 둥 마는 둥 한다.

그러나 이튿날 아침 회사에 출근하는 차이나 과장의 모습은 완전히 달라져 있다. 잘 빗어 넘긴 정갈한 머리에 계절에 어울리는 세련된 슈트 그리고 유행에 딱 맞는 화사한 넥타이는 멀리서 봐도 반짝반짝 빛날 정도다. 처음 본 사람이 봐도 단박에 알아볼 수 있는 조직의 최고 에이스다. 자리에 앉아 그날 할 일을 점검하는 그에게서는 퇴직이 꿈인 사람의 그림자조차 찾아볼 수 없다.

하지만 주말이나 출근하지 않는 날은 일찍 일어날 필요도, 세수할 필요도, 옷을 갖춰 입을 필요도 없다. 침대나 소파 위에서 빈둥거리며 잠을 자거나 텔레비전을 보거나 게임을 하면서 시간을 보낸다. 그는 문득 이런 생각이 들었다.

'내가 너무 가식이 심한 거 아닌가?'

'회사에서의 나와 집 안에서의 나, 어떤 게 진정한 내 모습일까?'

회사에 있을 때의 엘리트 차이나 과장이 진짜 자신인지 아니면 집에 있을 때의 백수건달 차이나가 정말 자신인지 자기가 생각해도 알 수 없을 만큼 헷갈렸다.

타인이 보는 나와
내가 보는 나

차이나 과장처럼 타인의 눈으로 보는 나와 내 눈으로 보는 내가 너무 달라서 힘들어하고 괴로워하는 사람들이 있다. 자신의 이중적인 모습에 스스로 정체성의 혼란을 겪는 것이다. 이 같은 차이는 의도한 게 아니다. 살다 보니 그렇게 된 것이다. 자기도 그런 삶이 더 없이 부담스럽다.

인간에게는 두 개의 자아가 있다. 공적 자아Public Self와 사적 자아Private Self다. 공적 자아는 타인에게 인식되는 나의 모습이다. 남들 눈에 비친 내 모습을 드러내는 거울이다. 사적 자아

나를 지키는 심리학

는 스스로만 알고 있는 나의 모습이다. 남들은 전혀 알지 못하지만, 나는 잘 아는 적나라한 내 모습을 비추는 거울이다. 이 두 자아는 같을 수가 없다. 자기관리와 통제가 대단히 엄격한 사람의 경우라고 해도 그 차이가 다른 사람보다 조금 작을 뿐이다. 모든 사람은 이런 이중성을 지닌다.

차이나 과장의 공적 자아는 완벽에 가깝다. 한결같이 에너지 넘치게 일하고 분위기를 주도하며 타인들에게 모범이 된다. 반면 사적 자아는 한없이 초라하다. 기운이 다 빠진 채 녹초가 되어 소파와 침대를 어슬렁거리는 한량이다. 같은 사람의 모습이 어쩌면 이렇게 다를 수가 있을까? 공적 자아와 사적 자아의 차이가 크면 클수록 많은 에너지가 쓰이기에 본인은 더 힘겹고 고달프다.

그렇지만 이런 차이는 당연한 것이다. 집에 와서도 회사에서 하던 것처럼 하면 숨이 막혀 살기 힘들다. 회사에 가서도 집에 있는 것처럼 편하게 행동하면 조직 생활을 할 수가 없다. 개인보다 집단을 강조하는 분위기일수록 이 같은 차이는 한층 벌어진다. 개인주의가 발달한 서양보다 집단주의가 보편화된 동양 문화권에서 두 자아 사이의 차이가 더 큰 것으로 알려져 있다.

차이나 과장처럼 자신의 공적 자아와 사적 자아 사이의 간격이 크다고 생각하는 사람은 타인에게 드러내고 싶지 않은,

즉 숨기고 싶은 내 모습이 많다는 의미이기도 하다. 이런 사람들에게는 과연 다른 사람들 앞에서 내보이고 싶지 않은 내 모습이 무엇인지를 정확하게 확인하고 인식하는 과정이 필요하다. 공적 자아에만 지나치게 신경을 쓰다 보니 사적 자아에 신경 쓸 여력이 없어서 그와 같은 모습이 생겨난 것일 수도 있기 때문이다. 한정된 내 에너지를 공적 자아와 사적 자아에 잘 분배하는 게 중요하다.

공적 자아와 사적 자아를
구분해내는 법

공적 자아와 사적 자아에 내 에너지를 잘 분배해서 사용하려면 어떻게 해야 할까?

첫째, 나 자신에게 적극적으로 투자한다. 사적 자아를 위해 좀 더 신경을 써야 한다는 말이다. 그동안 나 자신을 위해 얼마나 투자했는지를 따져보자. '작년에 외출복을 사는 데 돈을 얼마나 썼을까?', '집에서 편하게 입는 옷을 사는 데는 얼마나 돈을 썼을까?', '한 달 평균 다른 사람과 외식하느라 쓴 비용은 얼마인가?', '집에서 나 혼자 식사하느라 들어간 비용은 얼마인가?'와 같이 하나하나 점검해보는 게 좋다.

대부분이 아마 공적 자아를 위해 쓴 돈보다 사적 자아를 위해 쓴 돈이 적을 것이다. 이를 바탕으로 사적 자아를 위해 사용하는 비용을 늘려본다. 타인을 위해 돈을 쓰는 만큼 나를 위해서도 돈을 써야 한다. 집에서 입는 옷도 멋진 걸로 사서 입고, 혼자 밥 먹을 때도 맛있는 걸 먹어야 한다. 회사에서 틈틈이 거울을 보며 매무새를 가다듬듯이 집에서도 수시로 거울을 들여다보는 게 좋다. 혼자 있는 시간에 투자하는 것은 사적 자아, 즉 나를 사랑하는 것이다.

둘째, 사적 자아가 휴식하고 생활하는 공간인 집을 잘 챙기는 것이다. 사적 자아에 별로 신경 쓰지 않는 사람일수록 자신의 집 안을 잘 챙기지 않는다. 회사에서는 청소도 열심히 하고, 물건도 가지런히 놓고, 매사 깔끔하게 사는 사람이 자기 집 안은 엉망인 상태로 방치한다. 사적 자아에 대한 홀대다. 집은 또 다른 내 자아다. 내가 편히 쉴 수 있도록 깨끗하게 예쁘게 가꿔야 한다.

셋째, 격의 없이 대화할 수 있는 친구들을 자주 만나는 것이다. 회사 직원들이나 거래처 사람들을 만나는 건 공적 자아의 대인관계다. 친구들은 가족은 아니지만, 사적으로 부담 없이 만날 수 있는 사이다. 공적 자아와 사적 자아의 중간 단계라고 할 수 있다. 회사 사람들과만 대인관계를 맺으며 살아가다 보면 공적 자아가 더 중요해 보이고, 그것이 진정한 자기 모습인 것처럼 착각할 수 있다. 그리고 열심히 직장 생활을 하다 보면 언제부턴가 고향 친구나 학창 시절 친구들을 만나는 시간이 아깝게 느껴지기도 한다. 머릿속에 회사와 관련된 것들로만 가득 채워지는 것이다.

"너 왜 그렇게 얼굴 보기 힘드냐? 회사 일 너 혼자 다 하냐?"

"그게 아니고, 열심히 안 하다가 잘리기라도 하면 어쩌냐? 내가 이 회사 말고 갈 데가 있냐?"

"무슨 소리야? 너 정도 능력과 경력이면 더 좋은 회사 얼마든지 갈 수 있어. 알아봐 줄까?"

"그래? 정말이야?"

이런 대화를 마음 놓고 나눌 수 있는 상대는 친구밖에 없다. 친구 말대로 꼭 이직하는 게 좋다는 말이 아니라 친구와 사적 자아가 자주 만나다 보면 내가 알지 못했던 나를 더 깊이 알 수 있게 되고, 없었던 자신감이 생기기도 하며, 낮아졌던 자존감이 다시 높아지기도 한다는 이야기다.

무조건 사적 자아는 진실이고, 공적 자아는 거짓이라는 게 아니다. 공적 자아를 가꾸기 위해 애쓰는 것처럼 사적 자아를 가꾸기 위해서도 애써야 한다는 것이다. 남들이 나를 아무리 좋게 봐주더라도 나 자신이 나를 좋게 보지 않는다면 무슨 소용이 있겠는가? 나에 대한 타인의 평가도 중요하지만, 더 중요한 건 나에 대한 나 자신의 평가다. 세상에서 나를 가장 잘 알고, 나를 가장 사랑하며, 나를 끝까지 책임질 사람은 오직 나밖에 없다는 사실을 늘 마음에 새기며 살아야 한다.

스스로에게 완벽을
강요하지 않기를

"선생님 같으면 이런 상황에서 어떻게 하시겠어요?"

진료실에서 매일 적어도 한두 차례는 환자 분들에게 받는 질문이다. 과거에는 이러한 질문을 받았을 때 어떻게 답해야 환자 분들이 치료자에 대한 신뢰를 잃지 않을까 고민하고 또 고민하느라 솔직하게 대답하지 못한 경우가 많았다.

하지만 나에게도 별 뾰족한 해결 방법이 없다고 대답했을 때, 오히려 환자 분들이 편안한 마음을 갖게 된다는 걸 그간의 경험을 통해 깨달았다.

이후에는 치료자인 나 역시 부족한 사람이란 걸 환자분들 앞에서 인정하는 게 편해졌다. 이러한 소중한 경험을 한 덕분에 정신건강의학과 전문의가 아닌 개인으로서의 내 삶도 한결 편해진 것을 오늘도 느끼고 있다.

어떤 사람들은 부모가 완벽하지 못하다는 것을 받아들이기 어려워한다. 이는 자신이 부모로부터 완벽한 사랑을 받지 못했다는 것이고, 그 이야기는 내가 완벽하지 못한 사람이란 것을 의미하기 때문이다. 이와 비슷하게 치료자와의 관계에서 완벽한 치료자를 만나기를 기대하기도 한다. 치료자가 완벽해야 내가 완벽해질 수 있다는 희망이 생기기 때문이다. 부모나 치료자들 또한 자녀나 환자의 기대를 충족시키기 위해 노력한다. 하지만 이러한 노력이 그들에게 완벽해야 한다는 잘못된 메시지를 전달하기도 한다.

이 책을 읽는 독자 여러분께서 부모나 치료자가 아닌, 스스로 자기 자신에게 이러한 완벽을 강요하고 있는 건 아닌지 생각해보는 기회가 되었으면 좋겠다. 부모나 치료자의 중요한 역할은 그들의 부족한 부분을 채워주는 것보다, 그러한 부분을 이해해주고 수용해주는 것에 달렸다. 그러니 지금 당장 필요한 건 스스로 부족한 부분을 채우려는 것보다는 스스로 이해하려는 시간일 것이다.

이 책을 통해 부디 나를 이해하는 시간이 되었기를 바란다.

결국 나를 이해하는 게 나를 지키는 첫 번째 시작이기 때문이다.

나를 지키는 심리학

끝으로, 〈정신의학신문〉에 글을 게재하는 것부터 이렇게 책이 발간되는 데까지 직접적으로 많은 도움을 주신 〈정신의학신문〉 정정엽 선생님과 유승준 기자님 그리고 장재혁 선생님에게 감사 인사를 드린다. 공예품을 만들 듯 꼼꼼하게 아름다운 책을 빚어주신 중앙북스 김수나 과장님을 포함한 관계자분들에게도 감사의 마음을 전한다. 한 아이를 키우려면 온 마을이 필요하다는 아프리카 속담처럼, 한 권의 책이 나오기 위해서는 수많은 손길과 애정이 필요하다는 걸 깨달은 즐겁고 소중한 시간이었다.

나를
지키는
심리학

초판 1쇄 | 2021년 6월 8일
4쇄 | 2023년 2월 13일

지은이 | 조장원

발행인 | 박장희
부문 대표 | 정철근
제작 총괄 | 이정아
편집장 | 조한별

기획 | 유승준
디자인 | 어나더페이퍼
저자 캐리커처 | 김미연

발행처 | 중앙일보에스(주)
주소 | (03909) 서울시 마포구 상암산로 48-6
등록 | 2008년 1월 25일 제2014-000178호
문의 | jbooks@joongang.co.kr
홈페이지 | jbooks.joins.com
네이버 포스트 | post.naver.com/joongangbooks
인스타그램 | @j__books

ⓒ 조장원, 2021
ISBN 978-89-278-1233-3 03180

중앙북스는 중앙일보에스(주)의 단행본 출판 브랜드입니다.